JN218162

世界一わかりやすい

No.1
エコノミスト
が書いた

為替の本

みずほ証券
チーフマーケットエコノミスト
UENO Yasunari
上野 泰也 編著

かんき出版

はじめに

　今から30年ほど前、為替・債券・株式といった金融市場（マーケット）には、ごく一部の人だけが関わっているちょっと怪しげで特殊な世界、といったイメージがありました。

　その頃、私は国家公務員を2年で退職して、大手銀行の為替ディーラーに転身しました。為替ディーラーというのは、円やドルなどの通貨を日々売り買いして利益を生み出そうとする仕事です。友人たちからは「ばくち打ちのようなそんな危ない仕事をよくやるね」と、驚かれたものです。「為替」というものが、一般にはまだまだ知られていなかったのです。

　しかし今や、誰もが日々の生活で直接・間接に影響を受けるという意味で、為替はとても身近な存在になったと言えるでしょう。

　たとえば、為替が変動すると、店頭に並ぶ輸入品の値段が上がったり下がったりします。海外旅行に安く行けるか、行っておトクな買い物ができるかどうかにも関わってきます。

　私たちがお店で買っている生活用品や加工食品の多くは、海外から原材料あるいは製品そのものを輸入しています。それらの価格を左右する為替が動けば、日本の物価全体にも大きく影響してきます。

　最近では、有利な運用を求めて外貨投資やＦＸ取引を始める人も増えています。こうした人たちの損益も、為替の変動によって大きく左右されます。

　また、多くの企業にとり、為替の動きはきわめて大きな問題です。現代のビジネス活動は国境を越えてグローバル化しており、さまざ

まな国の製品・サービスが世界中を飛び交っていますが、それにともなうお金の支払い・受け取りには為替が関係してくるのです。
　このように、為替は経済と非常に密接に結びついているのです。

　ところが、「円高で日本の自動車メーカーに大きな損失」「円安でガソリン大幅値上げ」、こうしたニュースを新聞・雑誌やインターネット上で目にしても、為替と経済の関係が今一つピンとこないという人は、意外に多いようです。

　この本は、専門用語はかみ砕いて説明し、さらに身近な具体例を織り交ぜながら、「為替」という代表的なマーケットの世界を知る「入口」となることができるようにまとめました。為替の世界を形づくるさまざまな項目について、たやすく理解できる構成になっています。
　2009年に初めてこの本が刊行された後には、米国の2016年の大統領選挙でトランプ候補が逆転勝利したり、英国がＥＵ（欧州連合）からの離脱を国民投票で決定したりするといった、多くの人にとって予想外の動きがいくつもありました。
　ですが、経済のグローバル化が進んでおり、為替が経済動向を読み解く重要なカギだという大きな枠組みは、全く変わっていません。
　最新の情報を取り込んでアップデートした本書（改訂版）を読んで為替の世界を知れば、日本と世界の経済の動きが手にとるようにわかるようになります。
　これまで聞き流すだけだった世界の政治・経済ニュースは、興味深い貴重な情報源となるでしょう。
　あなたの世界はこれまでよりも大きく広がり、より広い視野で日々の仕事や資産運用に臨めるようになるはずです。

ところで、為替の世界で、相場を完璧に予想する能力を身につけた人はいるのでしょうか。私の実感からいうと、そうした人はいません。2008年9月の「リーマン・ショック」のように、マーケットの世界では事前に誰も予想できなかった出来事が起こります。為替市場は、グローバルな舞台の、終わりのないストーリーです。飽きることはありません。

　前置きはこのくらいにしておきましょう。ようこそ、為替の世界へ。

2018年4月　上野　泰也

※Part 1〜6は河合が執筆し、上野が監修。Part 7は上野が執筆しました。

CONTENTS

Part 2　外国為替取引の基本を理解しよう

Part 3 経済が為替相場を動かす 基本的なしくみを理解しよう

Part **5** 外国為替相場を動かすプレーヤーたち

Part **6** ドル以外の通貨の実力は?

Part 7 為替相場の動きの法則と読み方・考え方

・本書の「為替相場」と「為替レート」は同じ意味です。
・ドルの金額をカッコ内で円換算している場合は、1ドル＝110円で算出しています。
・本書で単に「ドル」と書かれているのは、「米ドル」を指します。

Part 1

為替は
私たちの生活に
とても身近な存在

為替って
そもそも何だろう？

為替とは、現金を使わずに安全・便利にお金を決済する方法で、内国為替と外国為替の2つに分けられる。

▶ 為替があるから現金を運ばなくても決済できる

「為替」とは、現金を輸送することなく、銀行などの金融機関の仲介でお金の支払いや受け取りをすることをいいます。

たとえば、あなたがネットオークションで洋服を落札したとき、その代金を銀行などから出品者に振り込みますね。これが為替です。同じように、電気代や水道代などの公共料金を銀行から引き落としたりするのも為替です。**私たちは意識していないだけで、いつも為替のお世話になっているのです。**

個人の取引はもちろん、会社同士ともなれば扱う金額が大きくなりますから、現金を持ち運びするのはとても危険だし、手間も時間もかかってたいへんです。こうしたリスクや時間のムダをなくすために、昔の人は「為替」という便利なしくみを考え出し、それが今に受け継がれています。

為替には国内でお金をやり取りする「**内国為替**」と、外国とお金をやり取りする「**外国為替**」の2種類があります。

それぞれの基本的なしくみを会社同士の取引例で説明します。

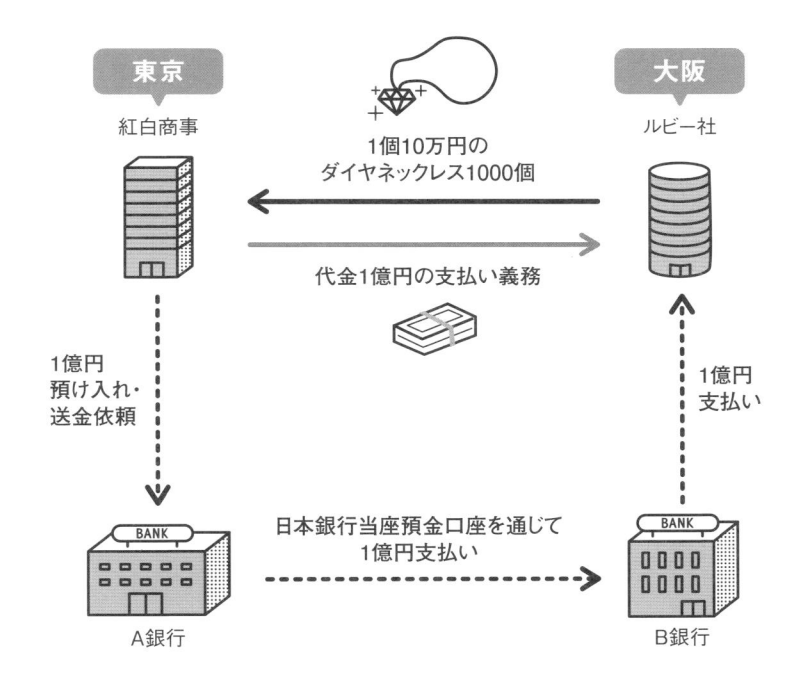

内国為替のお金の流れ

東京
紅白商事

1個10万円の
ダイヤネックレス1000個

代金1億円の支払い義務

大阪
ルビー社

1億円
預け入れ・
送金依頼

1億円
支払い

BANK

日本銀行当座預金口座を通じて
1億円支払い

BANK

A銀行

B銀行

▶ 内国為替のしくみ

　上の図のように、東京の紅白商事は、大阪のルビー社から1個
10万円のダイヤネックレスを1000個仕入れました。その代金
1億円をルビー社に支払わなければなりません。そこで、紅白商事
は自社が利用しているA銀行に1億円を預け入れ、ルビー社が利用
しているB銀行に送金するよう依頼します。

　とはいっても、A銀行がB銀行にトランクに詰めた1億円を運ぶ、
というわけではありません。すべての銀行は日本の中央銀行である
日本銀行に口座（当座預金口座）をもっていますから、その中でA

銀行の口座からB銀行の口座へお金が移されます。

　1億円を預かったB銀行は、ルビー社の口座にそれを支払い、ルビー社は1億円を受け取ります。これが「内国為替」のしくみです。

▶ 外国為替のしくみ

　最近、為替といえば「外国為替」を指すことが多くなっています。

　右の図のように、東京の紅白商事がニューヨークのスター社から1個1000ドルのブランドバッグを1000個仕入れました。その代金100万ドルを支払わなければなりません。

　そこで、紅白商事は自社が利用しているA銀行に100万ドルに相当する円を預けて、スター社の利用している米国のY銀行に送金するよう依頼します。

　このとき、円とドルの交換比率（「為替レート」といいます）が1ドル＝100円だったとすると、100万ドルを支払うのに必要な金額は、

1ドルあたり100円×100万ドル＝1億円

となります。

　依頼を受けたA銀行は、預かった1億円を100万ドルに換えて米国のY銀行に送ります。Y銀行は、スター社の口座に100万ドルを支払います。

　この際も実際に現金を動かすことなく、国内銀行の海外支店や契約を結んだ外国銀行の預金口座を利用して、お金のやり取りが行われます。これが「外国為替」のしくみです。

　このように、外国為替も基本的なしくみは内国為替と同じです。

外国為替のお金の流れ

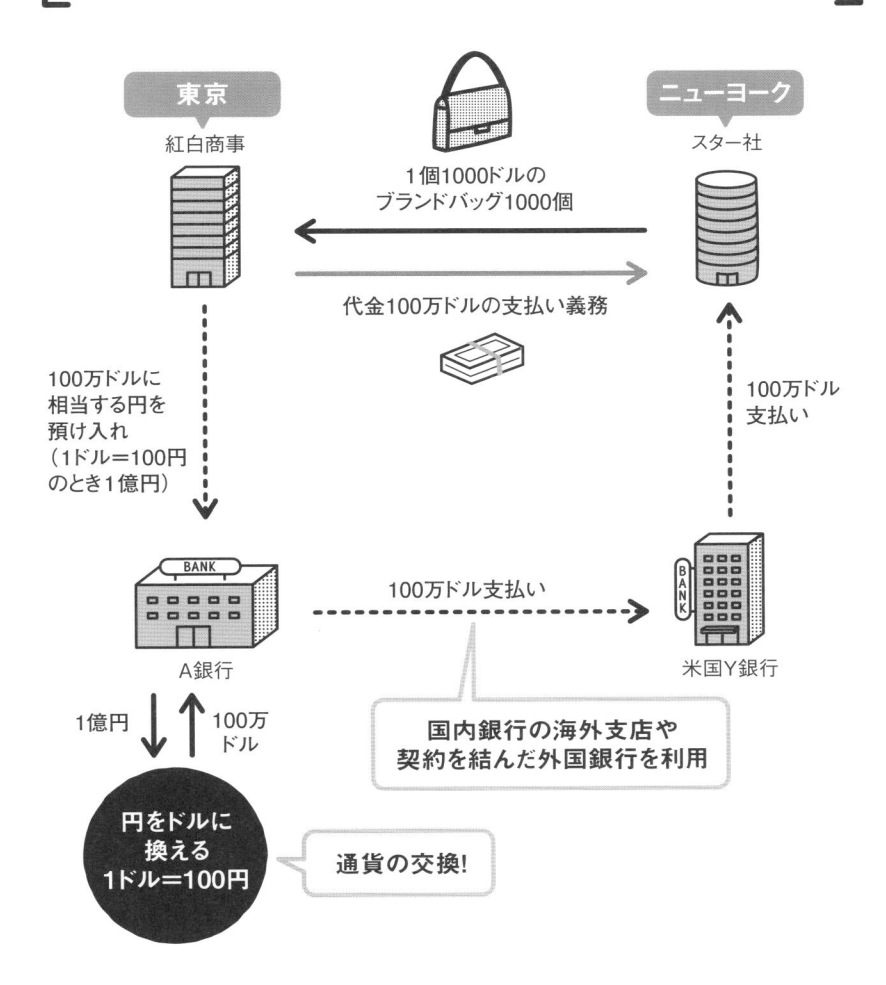

ただ外国為替の場合、支払先が海外ですから、**円をドルなどの外貨に換える「通貨の交換」という作業が必要になります。これが内国為替との大きな違いです。**

外国為替と聞くと難しそうですが、いたってシンプルですよね。

外国為替の基本は
ドル／円レート

米国が最大の輸出先である日本において、貿易取引の決済通貨の中心はドル。ドルと円の交換比率が最も重要になっている。

▶ 貿易には通貨の交換が必要

　ニューヨークやパリへ円をもっていっても、普通の店では買い物をすることはできません。当たり前ですが、日本は円、米国はドル、欧州の多くの国ではユーロといったように、各国・地域でそれぞれ使える通貨が決まっているからです。

　このため、外国とモノを取引する貿易の決済でも、自国通貨を外貨に、外貨を自国通貨に換える必要が出てきます。

　たとえば、米国製品を輸入した日本の会社は通常、米国の通貨であるドルで代金を支払います。また、米国に製品を輸出した日本の会社は、ドルで代金を受け取った場合、円に換えなければ国内で使うことはできません。

　そうしたときに問題になるのが、2つの通貨をいくらといくらで交換するかということ。その交換比率を表したのが「**外国為替相場（為替レート）**」です。

　日本製の自動車や電気機器は、その品質の高さから海外でも人気が高く、よく売れるため、大量に輸出されています。なかでも米国は最大の輸出先で、日本経済は米国との貿易によって大きく発展し

日本の貿易取引の決済に使われる通貨のトップはドル

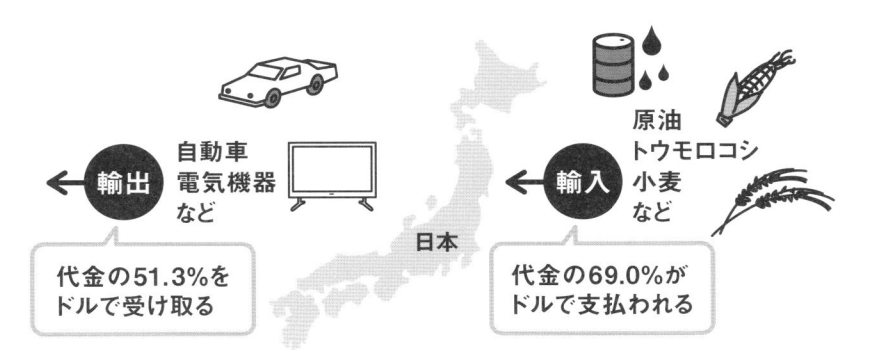

出典：財務省「貿易取引通貨別比率」（2017年上半期）

てきました。**そのため、日本にとってドルは最も身近で、貿易に欠かせない外貨となっています。**

　上の図のように、日本が輸出品の代金をドルで受け取る割合は約50%、輸入品の代金をドルで支払う割合は約70%にも上っています。米国との貿易だけでなく、アジア諸国との貿易でも決済にはドルを用いるのが普通です。そのため、為替レートの中でもドルと円との交換比率である「**ドル／円レート**」が最も注目されます。

　「東京外国為替市場の円相場は現在1ドル＝101円35銭、前日の終値より50銭の円高・ドル安になっています」

　こんなニュースをよく耳にしますが、1ユーロあるいは1ポンドいくらではなく、1ドルいくらと報じられるのは、**為替相場の中でもドル／円レートに関心のある人が日本では多いからです。**

　実は、米国のドルは世界的にみても最も信頼され、貿易の決済に広く用いられている通貨なのです。

円高と円安の意味を理解しておこう

ドルに対して円の価値が上がることを「円高・ドル安」、円の価値が下がることを「円安・ドル高」という。

▶「円の価値がどうなったか」ということ

テレビの経済ニュースや新聞などをみていると、「円高」「円安」という言葉が必ず出てきます。あなたはその意味を理解できていますか？　では、次のように為替レートが動いたときは「円高」「円安」のどちらでしょうか。

１ドル＝１００円　→　１ドル＝８０円

上の数字だけをみると、「１ドル＝１００円が８０円に下がったんだから円安」と思いがちですが、答えは「円高」。下がったのに「円が高い」とは、何だかまぎらわしいですね。でも、しくみがわかれば「なるほど」と納得できるはずです。

わかりやすい例として、右の図のように、価格が１ドルの米国産オレンジを、私たちが円で購入するケースを考えてみましょう。

１ドル＝１００円のとき、１ドルのオレンジを買うには当然、１００円が必要です。この後、為替レートが動いて１ドル＝８０円になると、オレンジは８０円で買えるようになります。

円高、円安って何だろう?

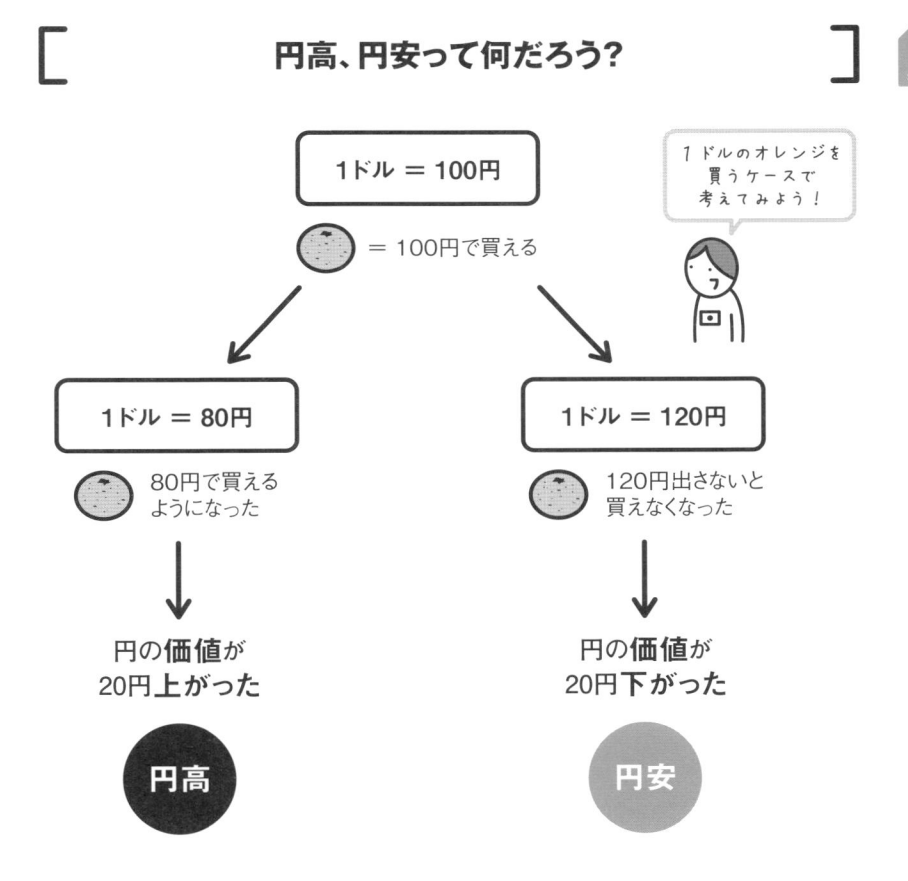

同じ1ドルのオレンジが20円安く買えるようになったということは、いい換えれば、ドルに対する円の価値が上がったということ。これを「**円の価値が高くなった**」と考え「**円高**」といいます。

逆に、為替レートが1ドル＝120円になると、同じ1ドルのオレンジが120円出さないと買えなくなります。これはオレンジが20円高くなった分だけ、ドルに対する円の価値が下がったということ。これを「**円の価値が安くなった**」と考え「**円安**」といいます。

▶ 円を基準にすればわかりやすい

　わかってしまえば簡単なのに、何ともややこしい円高と円安。

　なぜこんなにわかりにくいのかというと、１ドル＝100円というようにドルを基準に為替レートが表示されているからです。

　では、「１円あたり何ドルになるのか（１円で何ドルに変換できるのか）」というふうに考えてみればどうでしょう。

　たとえば、１ドル＝100円だったのが、80円、120円になった場合はそれぞれ次のようになります。

　１ドル＝100円　なら　　１円＝0.0100ドル

それが、

　１ドル＝80円　になったら　　１円＝0.0125ドル

　１ドル＝120円　になったら　　１円≒0.0083ドル

　１ドルが100円から80円になったら、１円は0.01ドルから0.0125ドルに上がる。つまり、円の価値が上がって、同じ１円でもより多くのドルに交換できるわけですから「**円高**」です。

　逆に、１ドルが100円から120円になったら、１円は0.01ドルから0.0083ドルに下がる。つまり、円の価値が下がって、同じ１円でもより少ないドルにしか交換できなくなったわけですから、「**円安**」になったということです。どうですか？　これなら理解しやすいですね。

▶ ある時点から比べて円の価値がどうなったか

　為替相場は毎日動いていて、円高になったり円安になったりを繰

円高、円安の見分け方

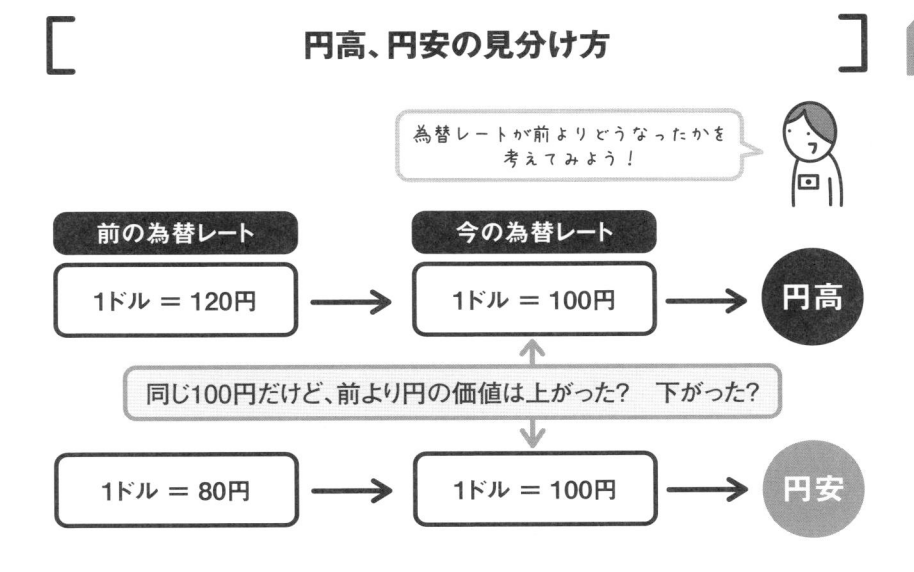

為替レートが前よりどうなったかを考えてみよう！

前の為替レート
1ドル＝120円 → 今の為替レート 1ドル＝100円 → 円高

同じ100円だけど、前より円の価値は上がった？　下がった？

1ドル＝80円 → 1ドル＝100円 → 円安

り返しています。ドルと円は次のような関係にあります。

> ・円の価値が上がる→ドルの価値が下がる　（円高・ドル安）
> ・円の価値が下がる→ドルの価値が上がる　（円安・ドル高）

　まるでシーソーみたいに、一方が上がればもう一方は必ず下がるのです。ただし、いくらになったら円高で、いくらになったら円安かが決まっているわけではありません。**あくまでも、ある時点から比べて円の価値が高くなったか安くなったか、ということです。**

　上の図のように、たとえば、１ドル＝120円の為替レートが100円に動いたときは「円高になった」といい、１ドル＝80円の為替レートが100円に動いたときは「円安になった」といいます。同じ１ドル＝100円でも、それが円高か円安かは、それまでの為替レートがいくらだったかによって変わってくるわけです。

円高・円安は消費者にとってはどうなの?

**円高になると、海外旅行に安く行けるし、輸入品の価格が安くなる。
一般的には円安よりも円高のほうが消費者に有利。**

▶ 円高は海外旅行の絶好のチャンス

　円高・円安の意味がわかったところで、それが私たち個人にとってどんな影響があるのか考えてみましょう。

　まず、円高か円安かがいちばん気になるのが、海外旅行でしょう。

　たとえば、5000ドルの予算で米国に旅行するとします。すると、5000ドルの現金やトラベラーズチェックの購入に必要なお金は、

1ドル＝100円のとき　100円×5000ドル＝50万円

1ドル＝80円のとき　80円×5000ドル＝40万円

となります。

　1ドル＝100円だったドル／円レートが海外旅行に行くときに1ドル＝80円の円高になったとすると、その差は実に10万円！これこそ、まさに「円高の恩恵」。**海外旅行好きな人にとって、円高は見逃せないチャンスですね。**

　海外でのショッピングも、円高になると24ページで説明したように、同じものがそれまでより安く買えるようになるのでお得です。

米国旅行からもち帰った500ドルの損得は？

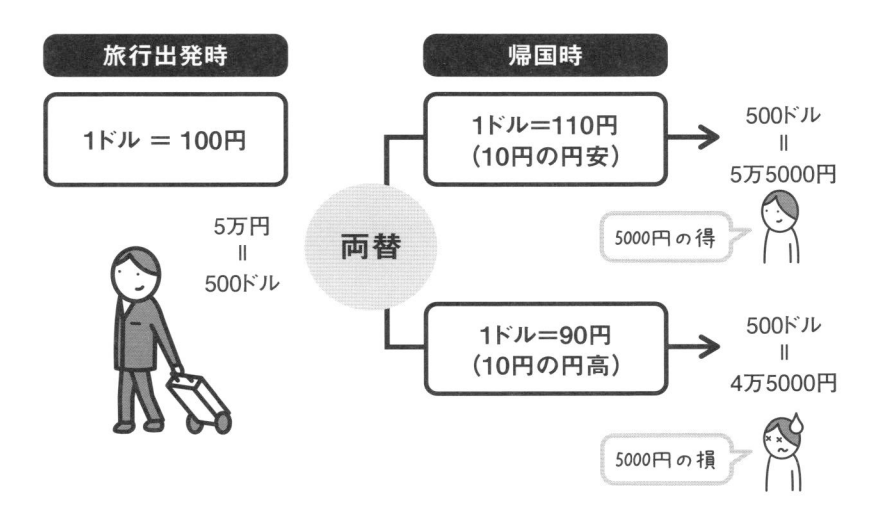

　2009年前半は急激な円高・韓国ウォン安になり、「いざ、韓国激安ツアーへ」「ブランドを買うなら韓国が狙い目！」とテレビや雑誌などが取り上げ、買い物目当てで韓国に出かけた人がたくさんいました。

　また、海外旅行から帰ってきて、残った外貨を日本円に換えることもありますが、このときも為替レートによって得することも損することもあります。

　たとえば、上の図のように、米国旅行に行くときに1ドル＝100円で交換したドルを500ドルもち帰り、1ドル＝90円の円高になったときに両替すると4万5000円になり、5000円損します。

　逆に、1ドル＝110円の円安になったときに両替すると5万5000円になり、5000円得します（為替両替手数料は考慮していません）。

もしかしたら、みなさんの中にも「円高のときに外貨を円に換えて損した」という人がいるかもしれませんね。

　ドル／円レートの2016年までの過去10年間の平均的な変動幅（高値と安値の差）は、1年で16円70銭程度にもなりますから、**いつ両替するかがとても重要なのです。**

▶ 円高になると輸入品を中心に物価が下がる

　次に、生活するうえで気になる物価（モノの値段）についてです。

　たとえば、右の図のように1ドル＝100円のときは1000ドルの米国製ソファが10万円でしたが、円高で1ドル＝80円になると8万円で買えるようになります。2割も安くなってたいへんお得です。

　逆に、1ドル＝120円へと円安になると、2割高くなって12万円出さないと買えません。

　このように、**円高が進むと輸入品の価格が下がって安く買えるようになり、逆に円安が進むと値上がりします。**

　円高になると、デパートやスーパーマーケットなどあちこちのお店で「円高還元セール」が始まりますから、高価なブランド品や高級輸入食材などを格安で手に入れられるかもしれません。

　こうした円高による輸入品の値下がりは、日本の物価全体にも影響を与えます。値下がりで輸入品の人気が高まると、同じジャンルの国内商品は売れなくなるため、いやおうなく値下げに踏み切らざるを得なくなるからです。

　さらに、石油やゴム、鉄鉱石、トウモロコシ、小麦など、商品をつくるために海外から輸入している原材料も安く買えるようになり

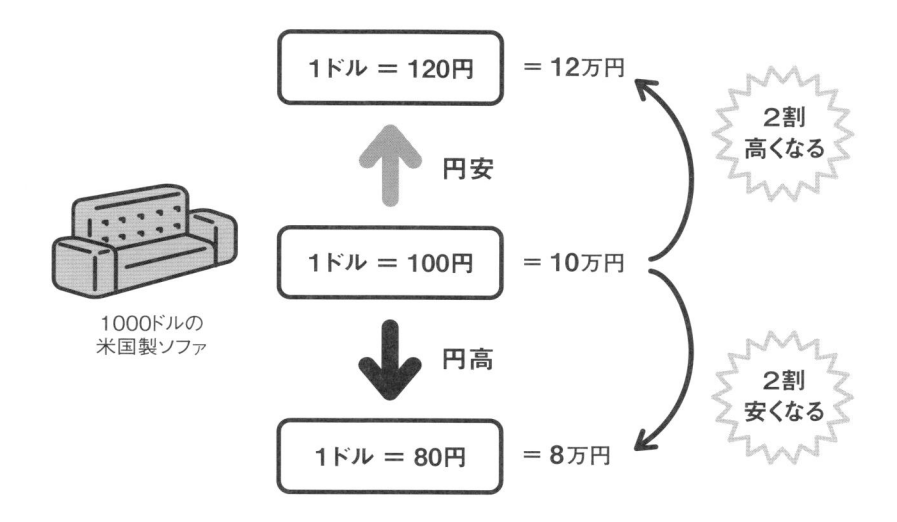

円高・円安で米国製ソファの価格はこう変わる

ますから、物価全体が下がります。

　ただし、円高になっても輸入品がすぐに値下がりするとはかぎりません。現在1ドル＝80円でも、輸入した会社が1ドル＝100円のときに代金を払っていれば、値下げすることはできないからです。

　円高のメリットを受けられるかどうかは、貿易の決済のタイミングにも関係してくるのです。

▶ 状況別の損得を考えてみる

　ほかにも、次のような場合に為替相場の変動は密接に関係してきます。

①海外に送金する場合

　海外にお金を送金するのは、円高のときのほうが有利です。

　たとえば、米国に留学している子どもに毎月2000ドル送ってい

どちらが得か？

円高　円安

　るとしましょう。この送金に必要なお金は、1ドル＝120円なら24万円、1ドル＝80円なら16万円と、円高になるほど安くすみます。

②円で収入を得て米国で生活する場合

　円高になると、一定額の円の収入をより多くのドルに換えられるため、懐が潤います。

　逆に円安になると、前より少ないドルにしか換えられなくなるため、生活は以前より厳しくなります。

③ドルで収入を得て日本で生活する場合

　円高になると、一定額のドルの収入を以前より少ない円にしか換えられなくなるので、実質的に収入ダウンになります。

　逆に円安になると、以前より多くの円に換えられるため、収入が増えることになります。外国企業の東京支社で働いていて、ドルで給料をもらっているケースがこれにあたります。

　このように円高・円安は、人によってメリットにもデメリットにもなりますから、一概にどちらが良いか悪いかはいい切れません。とはいえ、日本で生活するには円安よりも円高のほうがありがたい。私はそう思うのですが、いかがでしょう。

円高・円安は企業にとってはどうなの?

輸入型企業は円高で仕入価格が低下し、輸出型企業は円安で円建ての受取代金が増えて、業績アップの追い風となる。

▶ 円高になると商品、原材料の輸入代金が安くなる

30ページで説明したように、円高が進むと国内の物価全体が下がるので、私たち消費者は暮らしやすくなります。では、企業にとってはどうなのでしょうか。

まず、**円高になると輸入型企業（商品や原材料の仕入れの多くを輸入に頼っている企業）は、輸入品を安く仕入れることができるようになります。**

そうなると、価格競争力が向上し、売上げ拡大が期待できるため、円高は業績アップへの追い風となります（次ページの図）。たとえば、海外で商品を製造している、カジュアル衣料品店ユニクロのファーストリテイリングや、家具・インテリア販売の最大手ニトリ、紙の原材料パルプを輸入している王子製紙などが、円高の恩恵を受けやすい企業です。

逆に**円安になると、これまでと同じ商品や原材料を輸入する場合でも仕入価格が高くなります**から、価格競争力が低下し、売上げ減少・業績ダウンとなりがちなため、輸入型企業にとっては逆風となります。

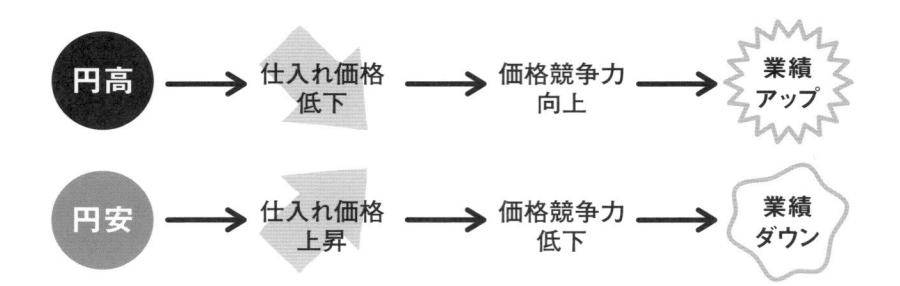

輸入型企業と円高・円安の関係

円高 → 仕入れ価格低下 → 価格競争力向上 → 業績アップ

円安 → 仕入れ価格上昇 → 価格競争力低下 → 業績ダウン

▶ 円安になると海外の売上げの円換金に有利

　輸出型企業（商品の販売先が海外中心の企業）の場合はどうでしょうか。米国に自動車を輸出している企業の例で考えてみましょう。

　右の図のように、東京の紅白自動車がニューヨークのハロー社に自動車を定期的に500台輸出し、その代金として500万ドルを受け取っているとします。

　このとき、為替レートが１ドル＝100円だったら、500万ドルを円に換えたときの金額は、次のようになります。

１ドルあたり100円×500万ドル＝５億円

　それがもし円高になって１ドル＝80円になったら、

１ドルあたり80円×500万ドル＝４億円

となり、１ドル＝100円のときより１億円も少なくなります。円高になると、紅白自動車は円の受取代金が減って損をするわけです。

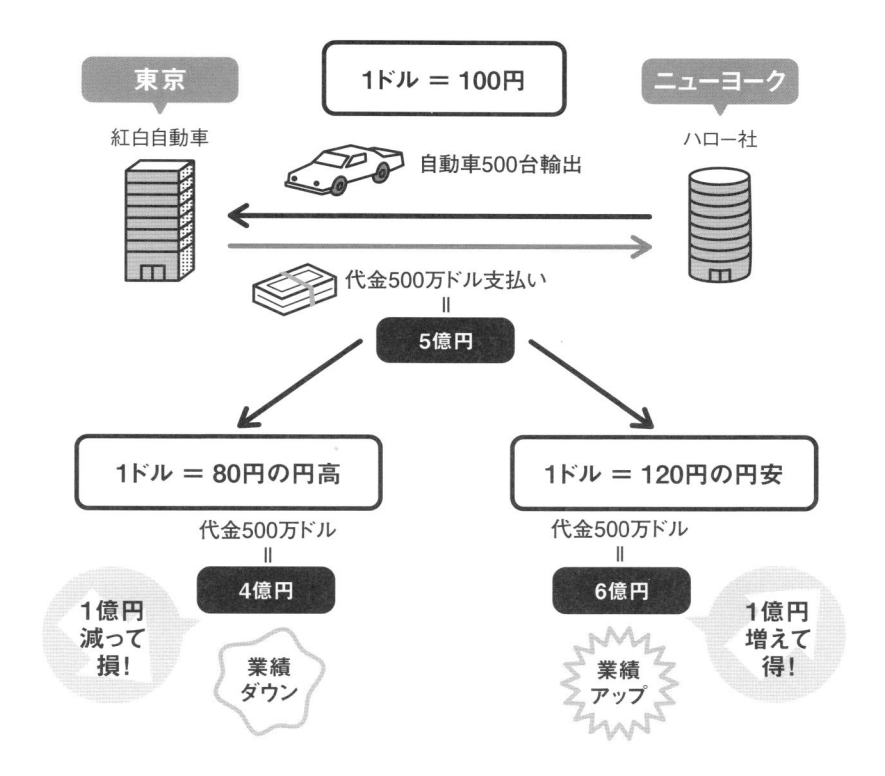

輸出型企業と円高・円安の関係

東京

紅白自動車

1ドル ＝ 100円

ニューヨーク

ハロー社

自動車500台輸出

代金500万ドル支払い
＝
5億円

1ドル ＝ 80円の円高

代金500万ドル
＝
4億円

1億円
減って
損!

業績
ダウン

1ドル ＝ 120円の円安

代金500万ドル
＝
6億円

1億円
増えて
得!

業績
アップ

ところが、円安になって1ドル＝120円になると、

1ドルあたり120円×500万ドル＝6億円

となり、500万ドルを日本円に換えたときのお金は、1ドル＝100円のときより1億円多くなります。

つまり、円安になると、紅白自動車は受取代金が増えて得するわけです。

このように同じ商品を輸出する場合でも、**円高になると受取代金が減り、円安になると受取代金が増えることになります**。海外での売上げが大きい企業にとって、これは大問題です。

たとえば、トヨタ自動車などの大手自動車メーカーやパナソニックなどの大手電機メーカーは海外での売上げの割合が大きいので、円安は追い風となって業績がアップし、逆に円高は逆風となって業績がダウンします。

▶ 外国人観光客の出足にも影響する

さらに、円高・円安は国内の観光地のビジネスにも影響してきます。**大きな収入源となる外国人観光客が円安になると増え、円高になると減る傾向があるからです。**

28ページで、円高（外貨安）になると海外旅行に安く行けると書きましたが、外国人からみると、逆に外貨高（円安）になれば日本旅行に安く行けるわけです。

日本に来た外国人観光客は観光地のホテルに泊まり、土産物を買い求めますから、たくさんのお金を落としてくれます。それが円高になると外国人観光客が減少し、土産物もあまり買わなくなるため、観光地の企業の売上げは減ります。

このように円高・円安の影響で泣くか笑うかは、業種、さらには企業によっても違います。

2016年は1ドル＝100円を割れる円高局面もありましたが、円高の追い風を受けて「業績好調、ボーナスアップ」で喜んだ人もいれば、逆に円高が逆風となって「業績悪化、ボーナスカット」で落ち込んだ人もいるでしょう。

為替で儲けられるって本当?

外貨預金は、利息収入に加え、為替差益を得られる可能性がある。
FXは積極的に通貨を売買して為替差益を狙う金融商品。

▶ 為替差益と為替差損とは?

　2016年6月にドル／円レートが2013年11月以来、2年7カ月ぶりに1ドル＝100円を割れ、99円ちょうどまで円高・ドル安が進んだことがありました。6月初めの110円台から3週間ほどで10円以上も円高に振れたことになります。

　このとき、お金の預け先として注目されたのが「**外貨預金**」です。外貨預金とは外国の通貨で預金することです。円の定期預金を解約して、外貨預金に預け替えた人もかなりいたようです。利用者が急増した理由は、多くの人が「今が外貨預金を始めるチャンス！」と判断したからです。

　外貨預金は、円高のときに預け、円安のときに解約すると利息に加えて「**為替差益**」が受け取れます。為替差益とは、為替レートの変動によって生じる利益、反対の「**為替差損**」は、為替レートの変動によって生じる損失のことです。

　具体的にどれだけ得、あるいは損するのかを、1ドル＝100円のときに、1万ドルをドル預金（金利5％と仮定）に1年間預けたケースで考えてみます（39ページの図）。

1万ドルを預け入れるときに必要な円は、100万円（1ドルあたり100円×1万ドル）。1年後の受け取り金額は、ドルベースだと利息を含めて次のようになります。

1万ドル＋利息分（1万ドル×5％）＝1万500ドル（税引き前）

　では、1年後に「1ドル＝80円の円高」になっていたとします。その場合、1万500ドルを円に換えると次のようになります。

1万500ドル×80円＝84万円（税引き前）

　投資した100万円は84万円になり、16万円のマイナスです。このように利息が付いてドルの金額では増えても、円高が進むと円に換えたときに損する可能性があるのです。
　一方、1年後に1ドル＝120円の円安になっていた場合は、

1万500ドル×120円＝126万円（税引き前）

となり、投資した100万円が126万円に増え、26万円プラスに。このように円安が進むと、円に換えたときに得します。
　つまり、**外貨で運用する金融商品に投資している人にとっては、「円安はありがたい」「円高は困る」**となるわけです。
　前述した2016年6月の円高のとき、外貨預金をした人は「2年7カ月ぶりに1ドル＝100円を突破する円高になったのだから、そろそろ円安に向かうだろう。今預ければ為替差益をたくさん得られるに違いない」と考えたはずです。

外貨預金と円高・円安の関係

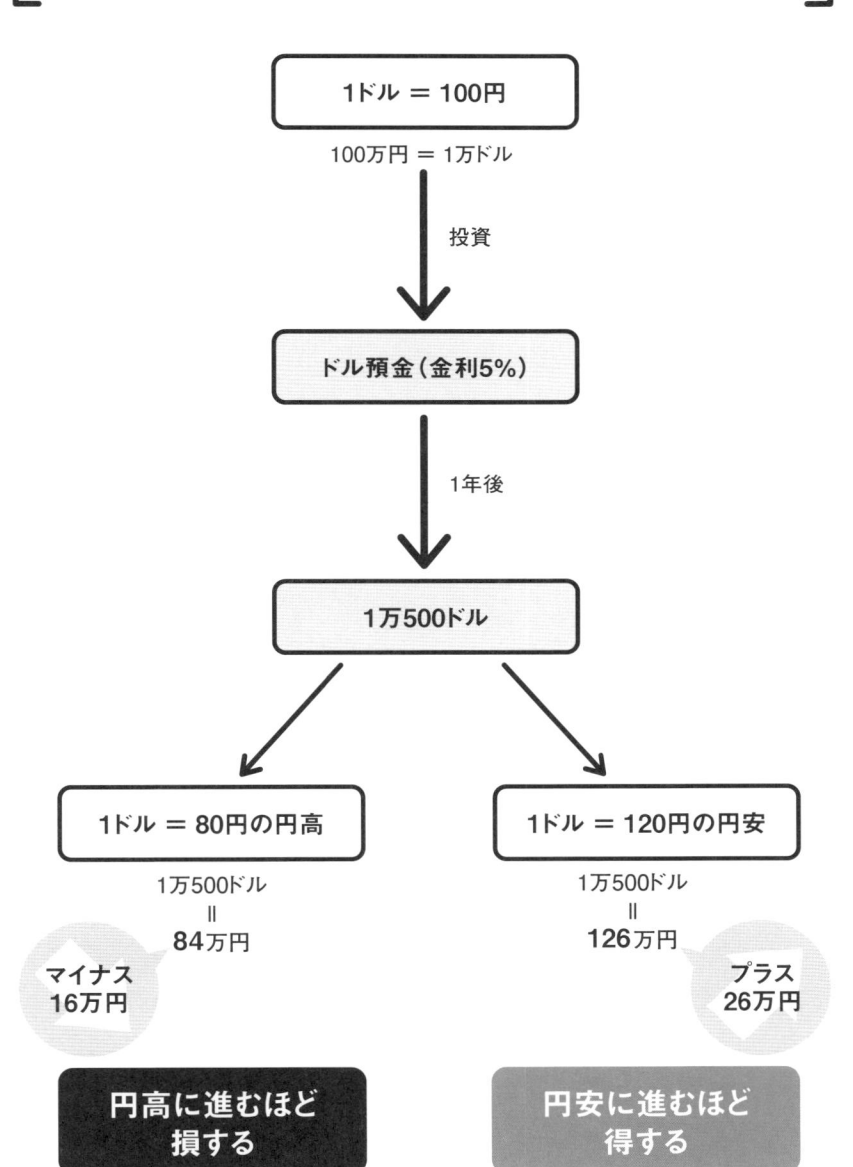

1ドル ＝ 100円

100万円 ＝ 1万ドル

投資

ドル預金（金利5%）

1年後

1万500ドル

1ドル ＝ 80円の円高

1万500ドル
＝
84万円

マイナス
16万円

円高に進むほど
損する

1ドル ＝ 120円の円安

1万500ドル
＝
126万円

プラス
26万円

円安に進むほど
得する

注：為替両替手数料、税金は考慮していません。

その読み通り、12月にドル／円レートは1ドル＝118円台までいったん円安・ドル高に進みました。このとき、ドル預金に預けて為替差益で儲かったという人も多かったのではないでしょうか。

▶ より積極的に為替差益を狙えるFX

最近では、外貨預金よりも積極的に為替差益を狙える「FX（**外国為替証拠金取引**）」という金融商品を始める人も増えています。

FXとは、FX事業者に証拠金を預け、投資家が証拠金を担保に通貨を売買して為替差益を狙う取引です。個人の場合、証拠金の最大25倍の金額を取引することが可能（金融庁は2018年中にも10倍への引き下げを検討中）で、このような取引を「証拠金取引」といいます。FXには以下のような魅力があります。

・1日24時間いつでもインターネット取引が可能（土日を除く）
・外貨預金よりも手数料などのコストが安い
・自己資金よりも大きな金額を取引できる
・一般に1000ドル（11万円相当）の少額から取引可能
・ユーロ／ドルなど取引できる通貨ペアが多彩

FXは短時間で大きな利益を狙うことができますが、同時に大きな損失を被るリスクもあります。**証拠金の何倍もの多額の取引をすると、為替差損が発生した場合の損失も大きくなるからです。**

預けた証拠金が一瞬にして消滅し、FX事業者に新たに証拠金を預け入れなければならない事態に陥る可能性もあります。

FXを始めるには、商品のしくみや取引方法、リスク管理の仕方などをしっかり勉強しておくことが大切です。

Part 2

外国為替取引の
基本を
理解しよう

外国為替市場の基本的なしくみ

外国為替市場では、銀行などの金融機関同士が、専用端末などを
使って通貨を交換する外国為替取引を日々行っている。

▶ 外国為替市場は銀行間取引が中心

　円をドルに換えるなど、通貨を交換する取引を「**外国為替取引**」
といい、銀行などの金融機関は「**外国為替市場**」で取引を行ってい
ます。

　外国為替市場には証券会社や保険会社なども参加していますが、
銀行による取引が圧倒的に多いので「**インターバンク市場（銀行間
取引市場）**」とも呼ばれています。

　株取引が行われる東京証券取引所などのように、「外国為替市場」
と看板を掲げたビルがどこかにあるわけではありません。

　外国為替市場は、銀行の担当者たちが専用端末や電話を使って通
貨を売り買いするバーチャルな（目に見えない）市場。それらでつ
ながったネットワークを総称して外国為替市場と呼んでいます。

　取引のしくみも株取引とは異なります。株取引では、大量の売買
注文を証券取引所に集中させ、証券取引所が事前に出されている売
り注文と買い注文の双方の条件を一致させて、取引を成立させます。

　これに対して外国為替取引は、取引の当事者同士が納得すれば、
どんな為替レートでも取引が成立する「相対取引」です。

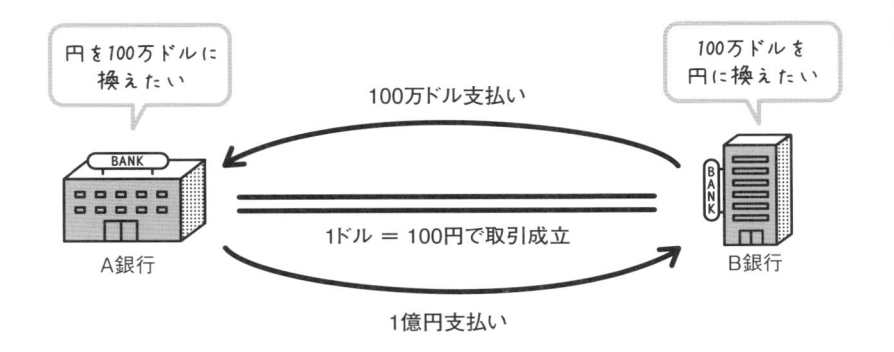

ダイレクトディーリングのしくみ

円を100万ドルに
換えたい

100万ドル支払い

100万ドルを
円に換えたい

1ドル = 100円で取引成立

A銀行

B銀行

1億円支払い

　では、実際にどのように取引されるのでしょうか。

　たとえば、A銀行はもっている円をできれば1ドル＝100円で100万ドルに換えたいとします（上の図）。そこに、100万ドルを円に換えたいB銀行が現れ、1ドル＝100円で取引が成立しました。

　このとき、1億円（1ドルあたり100円×100万ドル）がA銀行からB銀行へ、100万ドルがB銀行からA銀行へ移動します。

　資金移動は、取引が成立した日の翌々日（**スポット**と呼びます）に行われます。また、外国為替市場での取引単位は原則として100万ドル単位になっています。つまり、100万ドルの倍数でない120万ドルや250万ドルでは取引しにくいわけです。

　外国為替市場における取引の基本は、このように銀行をはじめとした金融機関同士が専用端末や電話を使って直接取引をする「**ダイレクトディーリング（DD）**」です。その時々刻々と変動する為替レートの情報は、電子取引のスクリーン上や、ロイターなど通信社の報道画面で配信されています。

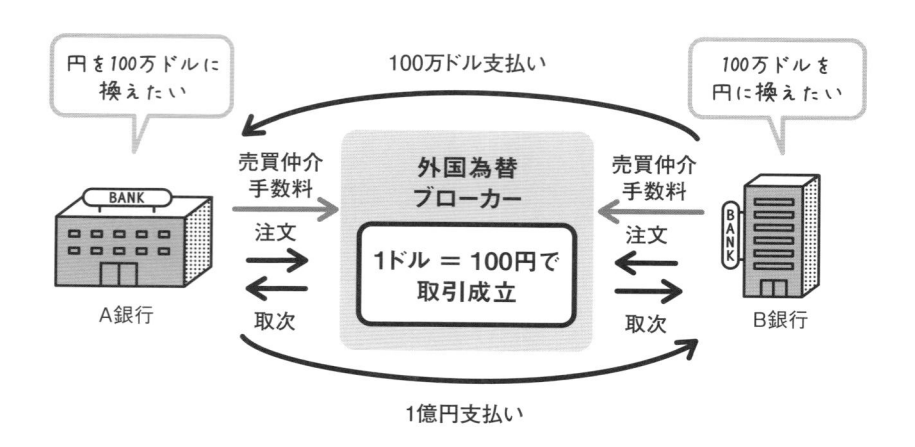

▶ 外国為替ブローカー経由の取引

　ダイレクトディーリングのほかに、仲介業者である「**外国為替ブローカー**」を経由する「**ブローカー取引**」があります（上の図）。

　たとえば、外国為替ブローカーは、Ａ銀行から売買注文（欲しい通貨の種類、取引金額、希望レートなど）を聞き、多くの金融機関の中からリクエスト内容に最も合う注文を出しているＢ銀行に取り次ぎます。ここでお互いが合意すれば、取引は成立です。

　このように、銀行などにとって外国為替ブローカーは、ベストな相手を探してくれる仲人のような存在ですが、そこはビジネスですから売買仲介手数料が発生します。

　近年では、コストダウンの必要性や、インターネットなどの発達で取引しやすくなったこともあり、外国為替ブローカーを通した取引が減り、金融機関同士のダイレクトディーリングが大勢を占める傾向にあります。

為替レートのしくみ

銀行間取引のインターバンク・レートと、企業・個人向けの顧客向け為替レートがある。個人向けの為替レートは4種類に分かれる。

▶ さまざまな為替レートがある

　為替レートには、外国為替市場で銀行同士が取引するときの「**インターバンク・レート**」と、銀行が私たち個人や企業などの顧客と取引するときの「<u>顧客向け為替レート</u>」の2つがあります。

　あなたが銀行で外貨預金や外貨両替を利用するとき、「あれっ、ニュースに出ていた為替レートと違う」と思ったことがあるかもしれません。それは、「今日の為替相場は……」と報じられるのがインターバンク・レートのほうだからです。

▶ インターバンク・レート

　「1ドル＝100円10銭－13銭」というふうに報道されます。この数字は、円をドルに換えたい（ドルを買いたい）銀行が希望する平均的なレートが1ドル＝100円10銭、ドルを円に換えたい（ドルを売りたい）銀行が希望する平均的なレートが100円13銭という意味です。

　<u>「ドルを買いたい銀行はできるだけ安く買いたい」「ドルを売りたい銀行はできるだけ高く売りたい」</u>というわけです。

ドルを買いたい銀行が提示するレートを「**ビッド・レート**」、これに対してドルを売りたい銀行が提示するレートを「**オファー・レート**」といい、このようなレートを「気配値（けはいち）」といいます。

　実際には気配値がそのまま取引レートになることはなく、銀行同士がお互いに応じるレートをすり合わせてから取引します。最終的に決定した取引レートを「**ファーム・レート**」といいます。

▶ 顧客向け為替レート

　顧客向け為替レートは企業向と個人向けに分けられます。

①企業向け（主に大口の法人顧客）

　インターバンク・レートに、あらかじめ銀行と企業の両者合意のうえ取り決めた手数料を加えます。

　たとえば、右の図のように、紅白商事とＺ銀行の間で、ドルと円の交換手数料を「１ドルあたり３銭」と決めていたとします。このとき、インターバンク・レートが１ドル＝１００円15銭だった場合、手数料を加えた取引レートは１ドル＝１００円18銭となります。紅白商事が１００万ドルを買ったとすると、Ｚ銀行はこの取引で、

１ドルあたり３銭×１００万ドル＝3万円

の手数料を手に入れます。銀行はこの手数料収入で利益を得ているわけです。銀行との力関係の差から、大企業ほど手数料は安く設定される傾向にあります。

②個人向け

　私たち一般の利用者に適用される為替レートは、銀行ごとに次の

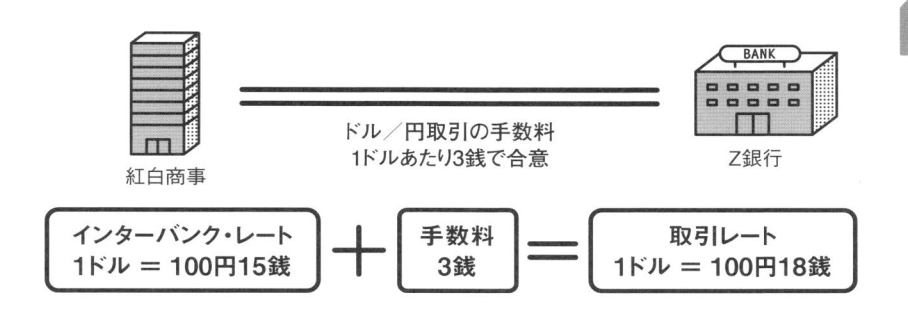

企業向けの為替レート

紅白商事 ━━━━━━ Z銀行

ドル／円取引の手数料
1ドルあたり3銭で合意

| インターバンク・レート
1ドル = 100円15銭 | ＋ | 手数料
3銭 | ＝ | 取引レート
1ドル = 100円18銭 |

ように決められています。

　銀行はまず、外国為替市場（インターバンク市場）の午前10時時点のインターバンク・レートを「仲値（TTM）」として、これを基準にその日に適用する個人向けの為替レートを決めます。

　その為替レートには次の４つがあり、どれも原則としてその日１日変更されることはありません（次ページの図）。

・対顧客電信売相場（TTS）

　外貨預金への預け入れや海外への送金で、円を外貨に換えるときに適用される為替レートです。円をドルに換える場合、仲値に１円上乗せするのが一般的です。

・対顧客電信買相場（TTB）

　満期を迎えた外貨預金の外貨や海外から送金された外貨を、円に換えるときに適用される為替レートです。ドルを円に換える場合、仲値から１円引くのが一般的です。

　ＴＴＳとＴＴＢは、金融機関の口座における通貨の交換ですが、その場ですぐ現金に交換する場合は、次のようにまた別のレートになります。

ドル／円の個人向けレート

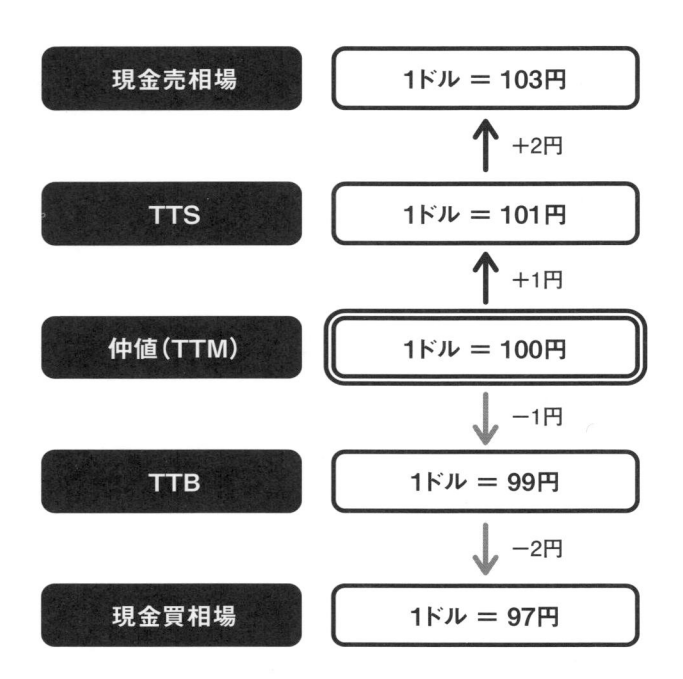

現金売相場	1ドル = 103円
	↑ +2円
TTS	1ドル = 101円
	↑ +1円
仲値（TTM）	1ドル = 100円
	↓ −1円
TTB	1ドル = 99円
	↓ −2円
現金買相場	1ドル = 97円

・現金売相場

　円を外貨の現金に両替するときに適用される為替レートです。ＴＴＳからさらに２円上乗せするのが一般的です。

・現金買相場

　外貨の現金を円に両替するときに適用される為替レートです。ＴＴＢからさらに２円引くのが一般的です。

　現金売相場、現金買相場の手数料がＴＴＳ、ＴＴＢよりも高くなっているのは、現金だと保管や運搬により大きなコストがかかるため、そのコストが上乗せされているからです。

外国為替取引の中心は
なぜドルなの?

**米国は世界最大の経済大国、軍事大国なので、その通貨ドルは
世界各国に最も信頼され、貿易決済、外貨準備に用いられている。**

▶ 各国が外貨準備としてドルを大量に保有している

　22ページで説明したように、日本の外国為替取引の中心は円と
ドルの交換です。しかしこれは日本に限らず、世界のほとんどの国
において、外国為替取引の中心は自国通貨とドルの交換なのです。

　その理由は、米国のドルは数ある通貨の中で最も信頼度が高く、
世界中で使われている「**基軸通貨**」だからです。

　ドルへの絶大な信頼は、たとえば各国の「**外貨準備**」をみても明
らかです。外貨準備とは、経済危機など予想外の事態が起きたとき
のために自国通貨だけでなく、複数の国の通貨(外貨)を保有する
ことです。

　何かあったときのための「保険」の役割を果たすわけですから、
頼りになる通貨をもっておく必要があるのです。

　世界の外貨準備高は全部で11兆2966億ドル(約1243兆円)。
このうちドルは6兆1256億ドル(約647兆円)と、通貨別内訳
がわかっている部分の約64%を占め、2位ユーロの3倍以上にも
なっています(2017年7〜9月期現在、国際通貨基金調べ)。

また、世界的にみて貿易の資金決済で最も多く使われているのもドルです。つまり、ドルは英語と同じようにグローバルスタンダード——万国共通で通用する通貨なのです。

▶ 世界最大の経済力と軍事力で 基軸通貨になっている

　ドルがこのように基軸通貨として世界で認められているのには、ちゃんとしたワケがあります。

　1つは、**米国が世界のGDP（国内総生産）の約2割を占める世界最大の経済大国であることです。**

　経済大国の通貨なら、その価値が急激に下がるおそれがあまりないので安心です。逆に、経済が脆弱な国の通貨を貿易に使ったら、景気後退などでその通貨の価値が下がって大損を被るかもしれません。このため、企業の貿易の支払いや受け取りのかなりの部分にドルが使われているのです。

　もう1つは、**米国が世界最大の軍事大国であるということです。**

　戦争やテロが起こっても、世界最強の軍事力を誇る米国ならダメージは少なく、そうそうドルの価値は下がらないだろうというわけです。

　外国為替取引に関する有名な格言に、「**有事のドル買い**」というのがあります。これは戦争やテロなどが起こった場合、「米国のドルを買っておけば安心」という意味なのです。

　もっとも、近年ではこの格言があてはまらない事例も多くなっています。米国の経済力がかつてよりも衰えてきているからです。ドルがいつまで基軸通貨としての強さを保っていられるかについては、129ページで説明します。

米国の経済力と軍事力が、ドルの信頼感を高める

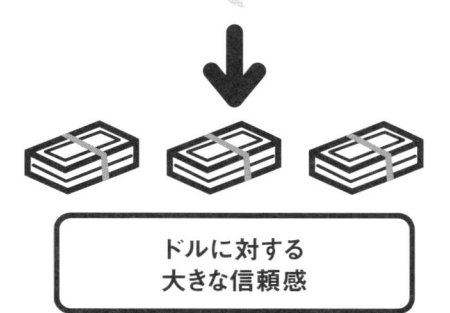

世界最大の
経済力

世界最大の
軍事力

ドルに対する
大きな信頼感

世界各国が外貨準備
として保有

貿易の決済に
広く使われている

基軸通貨

ドル以外の為替取引には
クロスレートが使われる

ドル以外の2つの通貨の交換レートには、対ドルでいくらになるかを
基準に算出したクロスレートが使われている。

▶ クロスレートの算出方法

　ここでは、ドル以外の通貨同士の為替取引に使われる「**クロスレート**」について説明します。

　外国為替取引の主役はドルとそれ以外の通貨との取引です。しかし、取引量はさほど多くないものの、他の通貨同士でも外国為替取引は行われています。

　たとえば、ユーロ、英国ポンド、スイスフラン、カナダドルなどは、国際的に取引されている通貨で、ユーロ／円、ユーロ／ポンド、ユーロ／スイスフラン相場などがあります。

　こうしたドルをともなわない為替相場は、それぞれの通貨が対ドルでいくらかを基準にして、2つの通貨の為替レートが算出されます。このレートがクロスレートです。

　クロスレートのうち、ポンド／円やスイスフラン／円などのようにドル以外の外貨と円との為替相場を「**クロス円相場**」と呼びます。

　クロス円相場の計算方法は、その通貨の対ドル相場を「掛ける」ことで計算できる組み合わせと、その通貨の対ドル相場を「割る」ことで計算できる組み合わせの2種類あります。

①掛ける組み合わせ（相手通貨が外国通貨建ての場合）

（例）ポンド／円相場の計算方法

ドル／円相場：1ドル＝100円

ポンド／ドル相場：1ポンド＝1.6000ドル

1ポンド＝1.6ドルなので、

1ポンド＝1.6（ドル）×100（円）＝160円

②割る組み合わせ（相手通貨が自国通貨建ての場合）

（例）スイスフラン／円相場の計算方法

ドル／円相場：1ドル＝100円

ドル／スイスフラン相場：1ドル＝1.1000スイスフラン

1.1スイスフラン＝1ドルなので、

1スイスフラン＝100（円）÷1.1（スイスフラン）≒90円91銭

　ここではクロス円相場を例にあげましたが、円以外のマイナーな通貨同士でも、それぞれの対ドルレートがわかれば為替相場を計算できます。このことからも、ドルは世界の通貨の基準なのです。

　ただし、ユーロ／円など取引量が多い場合、こうした計算をせず、市場における取引によって為替レートが決まっています。

　なお、為替レートの表示の仕方には次の2種類があります。

①自国通貨建て（邦貨立て）

　外国通貨1単位に対して自国通貨がいくらかを表します（日本のように1ドル＝100円）。

②外国通貨建て（外貨建て）

　自国通貨1単位に対して外国通貨がいくらかを表します（ユーロ圏や英国のように1ユーロ＝1.4ドル、1ポンド＝1.6ドル）。

外国為替市場は
24時間動き続ける

ニュージーランドのウェリントン市場から始まって、地球の自転に沿って世界各国の外国為替市場が順繰りにオープンする。

▶ 世界のどこかで絶え間なく取引が行われている

外国為替市場の1日の取引量は約5兆ドル（550兆円）にも上り、世界で最も取引量が多い金融市場となっています（2016年、国際決済銀行調べ）。

この外国為替市場は"眠らない市場"といわれています。世界3大市場のロンドン、ニューヨーク、東京のほかに、各国に外国為替市場があって、地球の自転に沿って順繰りに開いていき、1日中どこかで為替取引が行われているからです。

では、日本時間で主要市場のオープンを追ってみましょう。ただし、実際には取引時間というものが明確に決められているわけではありません。

外国為替市場はネットワーク上のバーチャルな市場ですから、その気になれば真夜中でも早朝でも海外の銀行と取引することが可能です。つまり、銀行は休みの土日以外、1日24時間いつでも取引ができるわけです。

そうであっても、やはり銀行の取引が活発になるのは業務時間内ですから、この業務時間帯をその国の外国為替市場の取引時間とみ

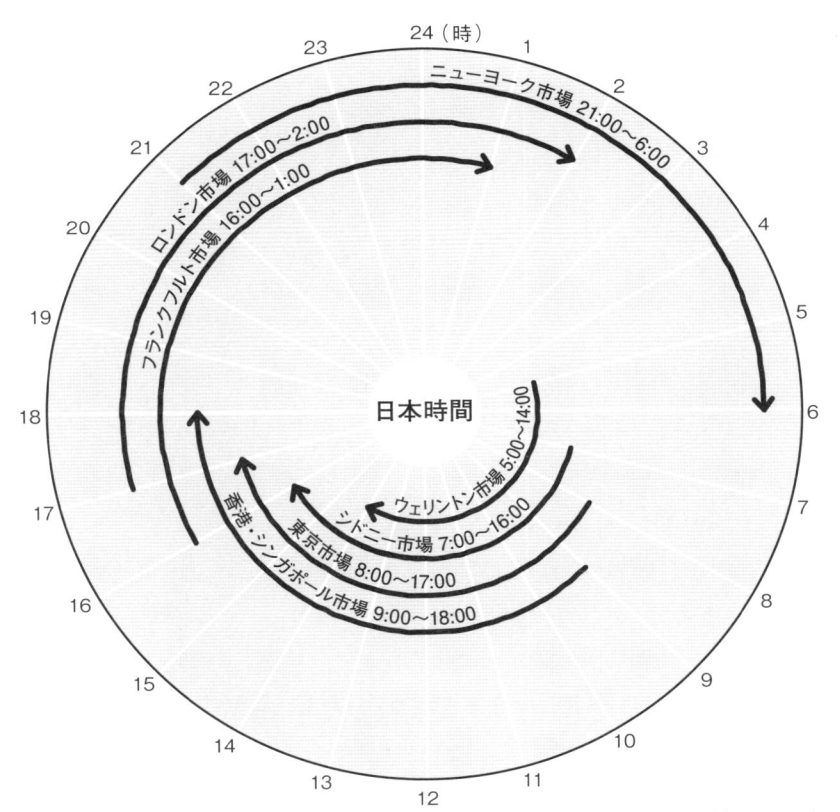

外国為替市場は1日中どこかで取引が行われている

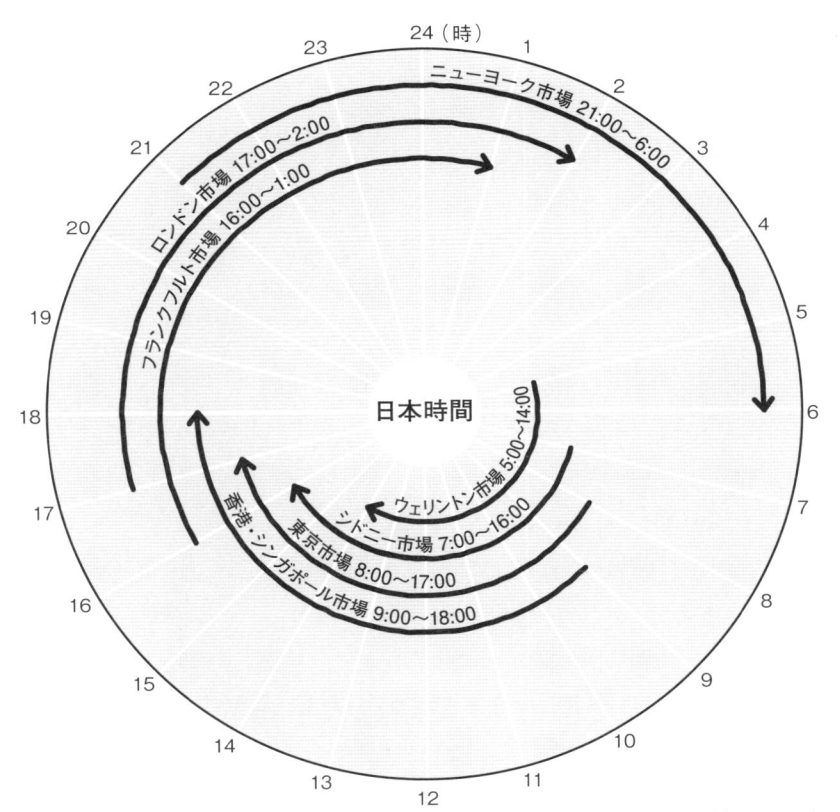

ニューヨーク市場 21:00〜6:00

ロンドン市場 17:00〜2:00

フランクフルト市場 16:00〜1:00

日本時間

ウェリントン市場 5:00〜14:00

シドニー市場 7:00〜16:00

東京市場 8:00〜17:00

香港・シンガポール市場 9:00〜18:00

※米国が夏時間の場合。時間は厳密なものではない

なします。

　まず外国為替市場の1日は、5時にウェリントン市場（ニュージーランド）から始まります。続いて7時にシドニー市場（オーストラリア）、8時頃から東京市場で取引が活発化してきます。

　このあと1時間遅れて香港・シンガポール市場と続き、16時にフランクフルト市場（ドイツ）、17時には世界最大の市場であるロ

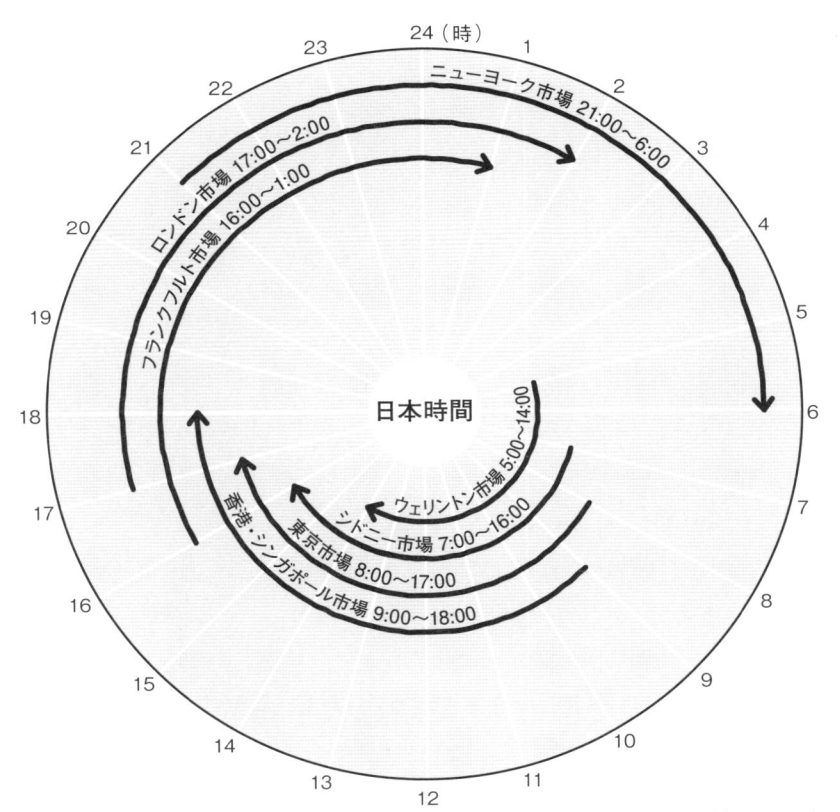
2

外国為替取引の基本を理解しよう

```
外為市場                        （14日）
◇円相場
（銀行間直物、1ドル＝円、売買高は前日、）
（終値は 17 時、寄付は 9 時時点、日銀）
                                前日
終値    112.76―112.77   113.43―113.44
寄付    112.76―112.77   113.53―113.55
高値    112.54            113.13
安値    112.80            113.57
中心    112.77            113.54
直物売買高              79 億 9500 万ドル
スワップ売買高         555 億 4900 万ドル
```

日本経済新聞では、日本銀行が発表した前日の東京外国為替市場の円相場をマーケット総合欄に掲載。前日の相場と比較できる。中心とは、その日最も取引高の多かった為替レートのこと。
（日本経済新聞朝刊2017年12月15日付）

ンドン市場、21時にはニューヨーク市場で取引が始まります。

　そして、このニューヨーク市場が閉まる頃、再びウェリントン市場が開くというように、１日中途切れることのないサイクルで取引されているのです。

　なお、米国や欧州などの夏時間・冬時間で、前記の時間はずれることになります。

▶ 東京市場の終値は17時時点の平均的な為替レート

　先に外国為替市場の取引時間は決まっていないと書きましたが、新聞などをみると「終値」として為替レートが出ています。

　終値というぐらいですから、取引にも終了時刻がありそうなものですが、実は、新聞などに書いてある「寄付」と「終値」は、日本銀行が発表している９時と17時時点の平均的なインターバンク・レート（→P45）のことなのです。

　日本銀行では、「東京市場でどのくらい為替レートが動いたか」という情報を国民に提供するため、取引時間を便宜上９時〜17時と決めて１日の寄付、終値、高値、安値を毎日発表しているのです。

貿易取引で必要になる外国為替取引

企業が輸出入をするときに通貨を交換する需要が出てくる。輸入は円をドルに、輸出はドルを円に換える需要が発生。

▶ 輸入では「円をドルに換える」需要

54ページで説明したように、外国為替市場では毎日約5兆ドル（550兆円）ものお金が動いています。この数字は日本の国家予算の約5倍、または世界一の中国の外貨準備高を大きく上回る額です。そもそもどんな目的で取引が行われているのでしょうか。

経済活動において外国為替取引が必要になるのは、「**貿易取引**」と「**資本取引**」です。

このうち資本取引とは、海外の株式や債券などの購入や海外企業の買収などのことで、そのために外貨が必要なので、外国為替取引の需要が生じます。

ここではまず、貿易取引にともなって必要になる外国為替取引について説明します。

貿易取引では、輸出入どちらの場合でも外国為替取引が必要になります。たとえば、次のような輸入型企業のケースです。

59ページの上の図のように、日本の紅白商事が米国のファーマー社からトウモロコシ4500トンを輸入し、その代金が100万ドルだったとします。

一般に米国の輸出企業は「代金はドルで払ってほしい」とリクエストしてきますから、紅白商事はもっている円を100万ドルに換えて支払わなければなりません。

　このとき、為替レートが1ドル＝100円だったとすると、100万ドルを用意するのに必要な金額は、

1ドルあたり100円×100万ドル＝1億円

となります。このように、輸入では**「円をドルに換える需要（ドル買い需要）」**が生まれるわけです。

▶ 輸出では「ドルを円に換える」需要

　次に、輸出を行っている日本企業の事例をみてみましょう。

　右下の図のように、金銀工業が米国のスマイル社に電動バイク500台を輸出し、その代金として100万ドルを受け取ったとします。

　米国の輸出先からの支払いは一般にドルで行われますが、ドルはもちろん日本国内では使えません。金銀工業は社員の給与や、仕入代金の支払いなどをするために、100万ドルを円に換える必要があります。

　このとき、為替レートが1ドル＝100円なら、円に交換したときの金額は次のようになります。

1ドルあたり100円×100万ドル＝1億円

　このように、輸出では輸入と逆に**「ドルを円に換える需要（ドル売り需要）」**が発生するわけです。

貿易取引で発生する外国為替取引

①日本企業が米国企業から輸入したとき

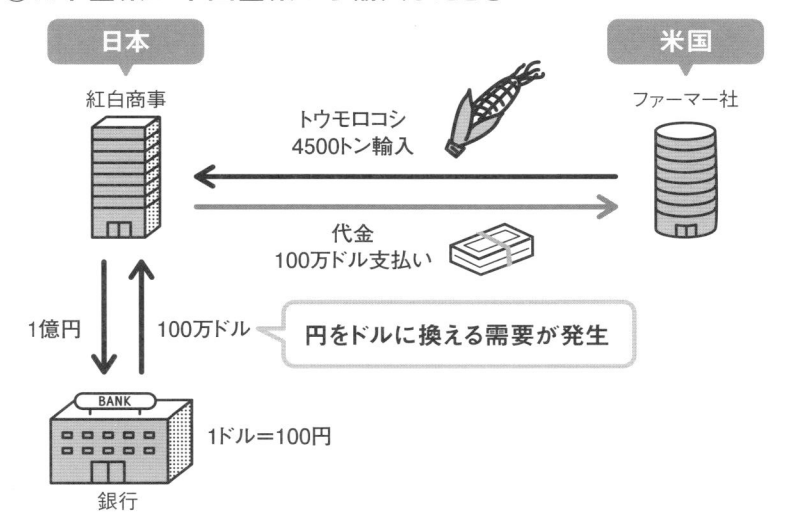

②日本企業が米国企業へ輸出したとき

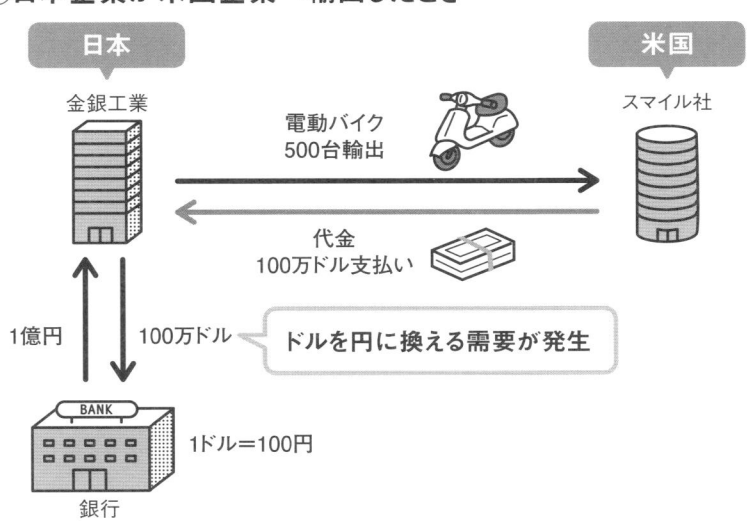

資本取引で必要になる
外国為替取引

投資家が海外の有価証券に投資したり、企業が海外で工場建設、
支店開設、企業買収を行う際に、通貨を交換する需要が出てくる。

▶ 資本取引は間接投資と直接投資の2種類

　前ページでは貿易取引について説明しましたが、ここでは海外への投資を行う「**資本取引**」について説明します。資本取引には「**間接（証券）投資**」と「**直接投資**」があります。

▶ 間接投資で発生する通貨の交換

　間接投資とは、株式や債券などの有価証券を購入し、株式の配当や債券の利息、安く買って高く売ることで得られる値上がり益などを狙う投資のことです。

　生命保険会社（生保）や投資信託などは、日本市場だけでなく、海外市場にも投資していますが、**海外の株式や債券などに投資するときは、円をその国の通貨に換える必要があります。**

　たとえば、生保がたくさん買っている米国債（米国財務省証券）は、ドルでしか買えないので、手に入れるためには円をドルに換えなければなりません。

　仮に、右の図のように、日本の生保が米国債を1000万ドル購入するとします。このとき、ドル／円レートが1ドル＝100円だっ

生命保険会社が米国債を購入するとき（間接投資）

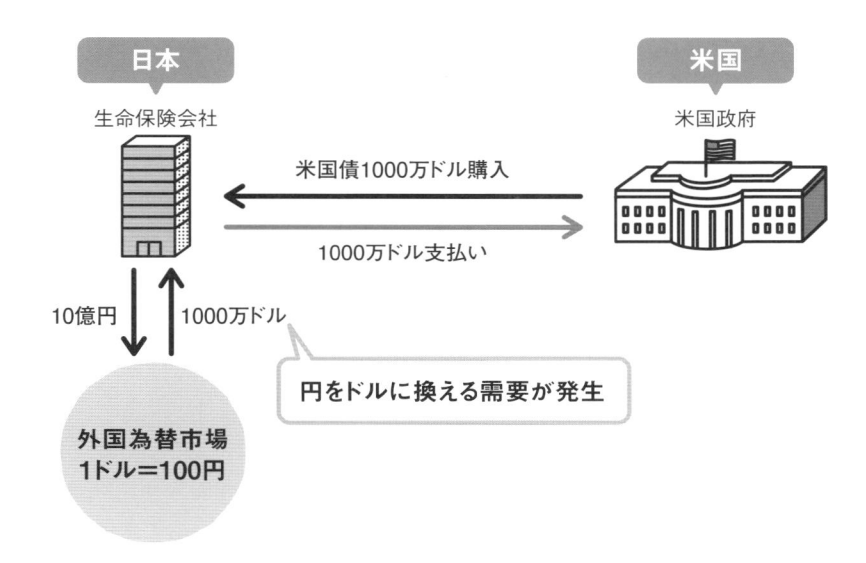

日本　生命保険会社

米国　米国政府

米国債1000万ドル購入

1000万ドル支払い

10億円　1000万ドル

円をドルに換える需要が発生

外国為替市場
1ドル＝100円

たとすると、1000万ドルを用意するのに必要な金額は次のように
なります。

1ドルあたり100円×1000万ドル＝10億円

逆に、保有している米国債を売却して手に入れたドルを円に換え
るときも、外国為替取引が必要になります。

このほか、私たち個人が外貨預金や海外の株式、債券に投資する
ときも同じです。これらの金融商品に投資する場合、円を外貨に換
える作業は金融機関がやってくれますが、外国為替取引をともなっ
ていることに変わりはありません。

▶ 直接投資で発生する通貨の交換

　直接投資とは、海外に工場を建てる、支店を開く、海外企業を買収するなど、主に企業がビジネスを目的として行う投資のことです。

　より安い人件費や設備投資のチャンスを求めて世界に進出しているグローバル企業にとって、外国為替取引はビジネスに欠かせない重要なものとなっています。

　日本の企業の中には、トヨタ自動車などのように活発に直接投資を行っているグローバル企業はたくさんあります。

　このような企業は世界各国に生産拠点をもっていますが、海外に工場を建てるには土地を購入する代金や工場を建設する代金、機械の購入代金など、さまざまな費用がかかります。

　また、海外での支店開設でも事務所を借りるための資金や事務機器、什器などの購入代金などが発生します。**こうした費用は現地の通貨で支払うのが普通ですから、円を現地の通貨に換える必要が出てきます。**

　日本企業が海外の企業を買収するときも、外国為替取引の需要が発生します。

　たとえば、右の図のように、日本のアルファ薬品工業が先端技術をもつ米国のバイオテクニカル社を買収し、株式を100％取得して完全子会社化するケースで考えてみましょう。

　この場合、アルファ薬品工業は、バイオテクニカル社の全株式を現在の株主から買い取らなければなりません。

　仮に、全株式の総額が10億ドルだったとして、この10億ドルを用意するためにアルファ薬品工業は手持ちの円をドルに換えます。

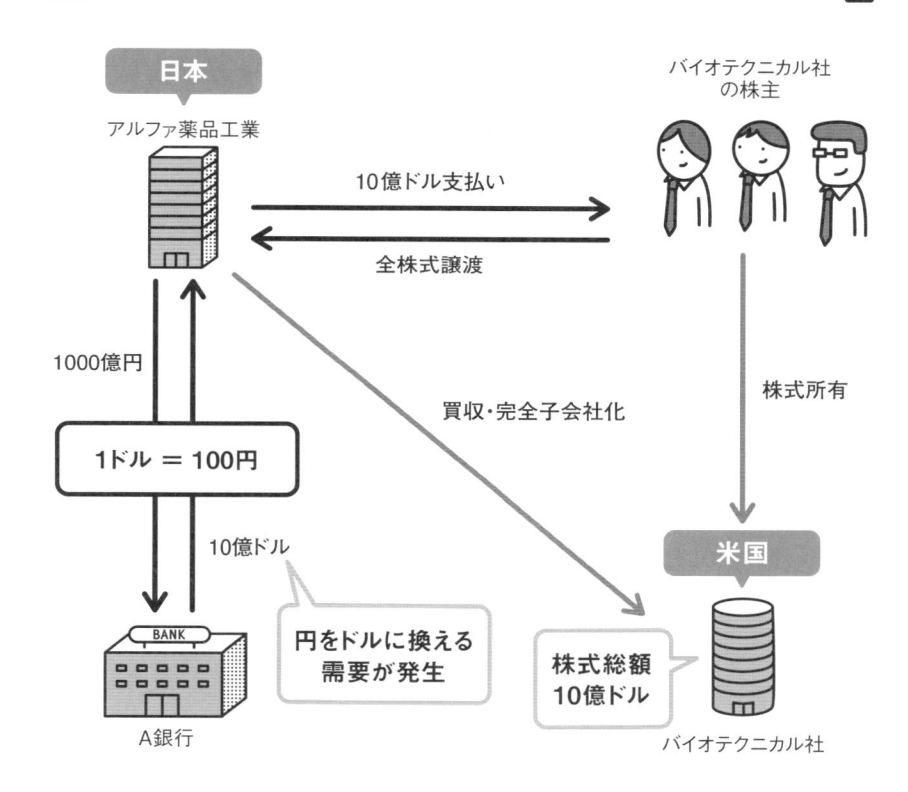

日本企業が海外企業を買収するとき（直接投資）

日本

アルファ薬品工業

10億ドル支払い

全株式譲渡

バイオテクニカル社
の株主

1000億円

1ドル ＝ 100円

10億ドル

買収・完全子会社化

株式所有

BANK

円をドルに換える
需要が発生

株式総額
10億ドル

米国

A銀行

バイオテクニカル社

このとき為替レートが1ドル＝100円とすると、

1ドルあたり100円×10億ドル＝1000億円

となり、1000億円が必要です。

逆に、海外の工場や海外子会社などを売却した場合、通常その代金は現地の通貨で支払われますから、日本で使う場合には外貨を円に換える必要があります。

固定相場制と変動相場制の違いとは?

固定相場制はレートが固定しているか変動幅が小さく抑えられている。変動相場制は需給バランスでレートが常に変わっていく。

▶ 相場が固定されているか、自由に決まるか

為替レートの決め方は国によって違いがあり、「固定相場制」を採用している国と、「変動相場制」を採用している国があります。

①固定相場制

為替レートを固定、または小さい変動幅で抑えるやり方です。

固定は、為替レートが1ドル＝200円ならずっと200円というふうに固定されています。

小さい変動幅がある場合は、あらかじめ「設定した固定レートの上下1％以内」といったようにレートが動く範囲を決めます。その範囲内を超えてレートが動きそうなときは、中央銀行が外国為替市場で通貨を売買して、この範囲内に収めます（市場介入→P139）。

固定相場制を採用している国のほとんどは発展途上国です。

なぜなら、経済基盤が弱い発展途上国は通貨の価値も低いため、変動相場制にすると、その国の通貨に換えたいという需要が極端に少なくなって相場が急落したり、相場が成立しなくなってしまうからです。これでは貿易取引もうまくいかず、ひいては経済が不安定

固定相場制と変動相場制のしくみ

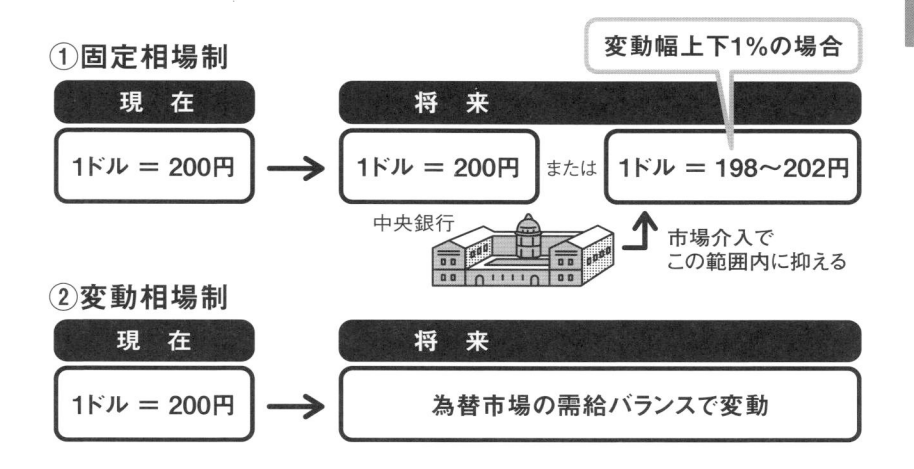

①固定相場制

現　在
1ドル ＝ 200円

将　来

| 1ドル ＝ 200円 | または | 変動幅上下1%の場合
1ドル ＝ 198〜202円 |

中央銀行　　　市場介入で
この範囲内に抑える

②変動相場制

現　在
1ドル ＝ 200円

将　来
為替市場の需給バランスで変動

になりかねません。

　そこで、ドルなどの強い通貨に対してどの程度の価値があるのか
をあらかじめ決めて為替レートを固定し、為替相場の変動に振り回
されずに、貿易取引がスムーズに行えるようにしています。つまり、
固定相場制は発展途上国の経済活動をサポートする制度なのです。

②**変動相場制**

　為替レートが市場の需要と供給のバランス（→P74）で自由に
決まるしくみで、為替レートは常に動いています。

　需給バランスで動くしくみとは、ドルが欲しいという人が多けれ
ばドルの価値が高く、欲しい人が少なければ価値は安くなります。

　ただし、あまりにも需要が多すぎたり、逆に供給が多すぎたりし
て相場が一方向に行き過ぎ、経済に悪影響を及ぼすと思われる場合
は、市場介入によって市場での取引を落ち着かせる効果を狙ったり、
相場を適切な水準に誘導することがあります。

戦後のドル／円レート
の動きを大づかみする

ニクソン・ショック以降、世界の為替相場は様変わりし、日本は固定相場制から変動相場制へ移行して円高・ドル安が進んだ。

▶ 22年8カ月続いた1ドル＝360円時代

　戦後のドル／円レートの動きを振り返ると、為替相場が世界にとっていかに重要かがわかります。現在は変動相場制をとっている日本も、戦後長い間、「**固定相場制**」をとっていました。

　日本は1949年4月、正式に固定相場制を採用し、**1ドル＝360円**に設定します。その後、1952年に日本はIMF（国際通貨基金、通貨と為替相場の安定化を目的として設立された国際機関→P150）に加盟し、1ドル＝360円のドル／円レートは国際的にも認められるようになりました。これは1949年4月から1971年12月まで22年8カ月続きました。

　今のレートと比べたら、360円は何とも高い感じがしますが、当時の米国と日本ではそれほど経済力に大きな差があったのです。

▶ ニクソン・ショックを経て1ドル＝308円へ

　世界に敵なしだった米国経済ですが、1960年代後半からベトナム戦争の失敗や1970年代の2度のオイルショック（石油の価格が急激に上がった出来事）、財政・貿易赤字の拡大などによって少し

1971年にドルと金の交換停止

金1オンス ＝ 35ドル

エー！

ドルと金の
交換停止！

財政・貿易
赤字で苦しい…

米国

ずつ傾き始めました。

　一方、日本は高度経済成長によって1969年から貿易黒字国になりました。こうしたなか、1971年8月に米国のニクソン大統領が貿易赤字を減らすため「**ドルと金の交換停止**」を目玉とする経済政策を発表しました。これが「**ニクソン・ショック**」です。

　この動きで、1944年に導入された「**ブレトン・ウッズ体制**」が崩壊してしまいます。ブレトン・ウッズ体制とは、世界共通の価値をもつ金とドルの交換比率を「**金1オンス＝35ドル**」と決めることで、各国の通貨とドルの為替レートを固定化するシステムでした。

　当時世界一の経済力を誇っていた米国が、求められれば必ずドルを金と交換することを約束していたため、この固定相場制度が成り立っていたのです。

戦後のドル／円レートの推移と主な出来事

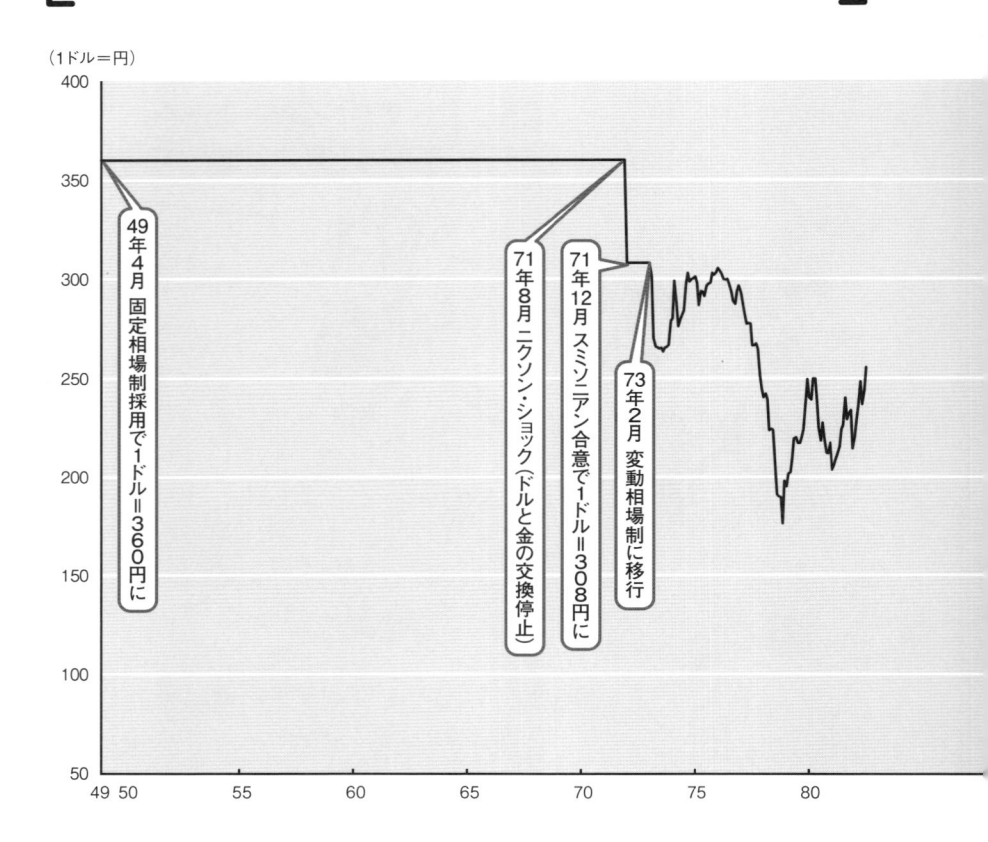

（1ドル＝円）

49年4月 固定相場制採用で1ドル＝360円に

71年8月 ニクソン・ショック（ドルと金の交換停止）

71年12月 スミソニアン合意で1ドル＝308円に

73年2月 変動相場制に移行

　しかし、ドルと金の交換が停止されたことで、ドルの価値は下がり、新しい世界の為替相場のしくみをつくらなければならなくなったのです。そして1971年12月に米国ワシントンのスミソニアン博物館でブレトン・ウッズ体制に代わる新たな国際通貨体制を検討する国際会議が開かれました。

　その場で、主要通貨に対するドルの価値が切り下げられることが決まり、ドル／円レートも見直されて**1ドル＝308円**の固定相場

※月末（東京市場17：00）

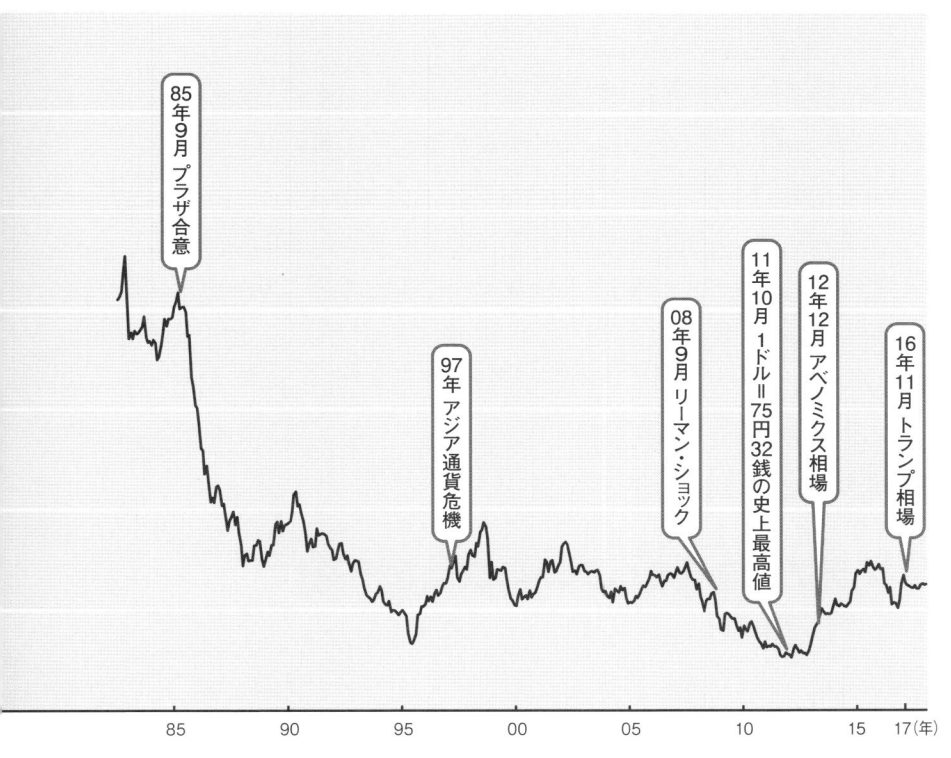

85年9月 プラザ合意

97年 アジア通貨危機

08年9月 リーマン・ショック

11年10月 1ドル＝75円32銭の史上最高値

12年12月 アベノミクス相場

16年11月 トランプ相場

85　90　95　00　05　10　15　17（年）

になります。これを「**スミソニアン合意**」といいます。

▶ 日本を含む先進国が変動相場制に移行

　ただ、この１ドル＝308円の固定相場は短命でした。米国の貿易赤字はいっこうに減らず、日米の経済力の差はさらに縮まり、ドルと円の価値の差が小さくなってきたからです。

　このなかで、1973年２～３月に日本を含む先進国は「**変動相場**

制」に相次いで移行しました。変動相場制は、ジャマイカのキングストンで開催されたＩＭＦの会議で承認されたため、「**キングストン体制**」とも呼ばれています。

　固定相場制は発展途上国の貿易取引をサポートするための制度ですが、その国の経済が発展しても固定相場制のままでは不公平感が生まれます。

　たとえば、ドル／円レートが現実の円の価値よりも低く設定されていれば、日本は安い価格で製品を米国に輸出でき、反対に米国は高い価格で製品を日本に輸出しなければなりません。その結果、日本の製品ばかりが売れて、日本ばかりが儲かることになります。

　固定相場制から変動相場制への移行の背景には、貿易の不公平さを是正する必要性もあったのです。

▶ プラザ合意をきっかけに急激な円高に

　変動相場制へ移行した後はしばらく１ドル＝260〜300円程度で推移していましたが、1985年９月にニューヨークのプラザホテルで開かれた日米英独仏５カ国の財務相・中央銀行総裁による国際会議が大きな転機となりました。

　このとき米国は、長引く財政・貿易赤字から、戦後初めて純債務国（政府や企業が外国に貸したお金より外国から借りたお金のほうが多い国）になっていました。

　そこで米国は、ドルの価値を下げる方向に議論をもっていき、貿易赤字を減らしたいと各国に呼びかけたのです。そして狙いどおり、**ドルの価値を引き下げるために各国が協調することで合意しました。**これを「**プラザ合意**」といいます。

この合意内容が世界に公表されると、外国為替市場ではドルを売って円を買う動きが急激に進み、1年半後の1987年には1ドル＝140円台になりました。

　その後、1990年代に入るとドルは再び下落し、2011年10月には一時、1ドル＝75円32銭の史上最高値を記録しました。

▶ アベノミクス相場、トランプ相場で円安へ

　ドル／円相場は、安倍晋三氏が自民党総裁選に勝利した2012年9月から市場の政策期待が高まり、円安・ドル高傾向に転じます。さらに、首相就任後、アベノミクス（3本の矢）と総称される経済政策（大胆な金融政策・機動的な財政政策・民間投資を喚起する成長戦略）のもと、2013年3月に就任した黒田東彦日銀総裁が「異次元緩和」と呼ばれる大規模な金融緩和を打ち出したことによって、さらに円安が加速。2013年12月には1ドル＝105円台に、さらに日銀の追加緩和もあり、2015年6月には125円台まで円安が進みました。この円安・ドル高局面は「**アベノミクス相場**」と呼ばれています。

　その後、新興国経済の停滞や原油安、世界経済の先行き不安から、比較的安全な資産とされる円が買われ（→P110）、円高に向かいました。

　しかし、2016年11月に米大統領選挙でトランプ氏が勝利すると、円安・ドル高が急激に進みました。トランプ大統領が掲げる拡張的財政政策への期待の高まりとともに、米国の長期金利が上昇したことなどが要因です。この円安・ドル高局面は「**トランプ相場**」と呼ばれています。

Part 3

経済が
為替相場を動かす
基本的なしくみを
理解しよう

需要と供給のバランスが為替レートを決める

外国為替市場の市場価格、インターバンク・レートは通貨の売り手がどれだけいて、買い手がどれだけいるかでどのようにも動く。

▶ ドルの需要と円の需要のどちらが多いか

外国為替市場（インターバンク市場）では、「1ドル＝100円20銭で500万ドル買いたい」「1ドル＝100円25銭で200万ドル売りたい」など、さまざまなニーズをもった世界中の金融機関が通貨を売り買いしています。売り手と買い手の思惑が飛び交っているわけです。

この外国為替市場の市場価格にあたるものがインターバンク・レートであり、このレートは**通貨の需給関係をもとに変動しています。**

たとえば、ドル／円レートなら、ドルを買いたい（円をドルに換えたい）人のほうがドルを売りたい（ドルを円に換えたい）人より多くなれば、ドルの需要が増えて「円安・ドル高」になります。逆に、ドルを売りたい人がドルを買いたい人より多くなると、ドルの供給が増えて「円高・ドル安」になります。

外国為替市場では、世界中の金融機関が活発に通貨を売買しているため、為替レートはどんどん変化します。たとえば朝1ドル＝100円だったドル／円レートが、夕方には1ドル＝100円50銭の円安になっていたり99円50銭の円高になっていたりします。

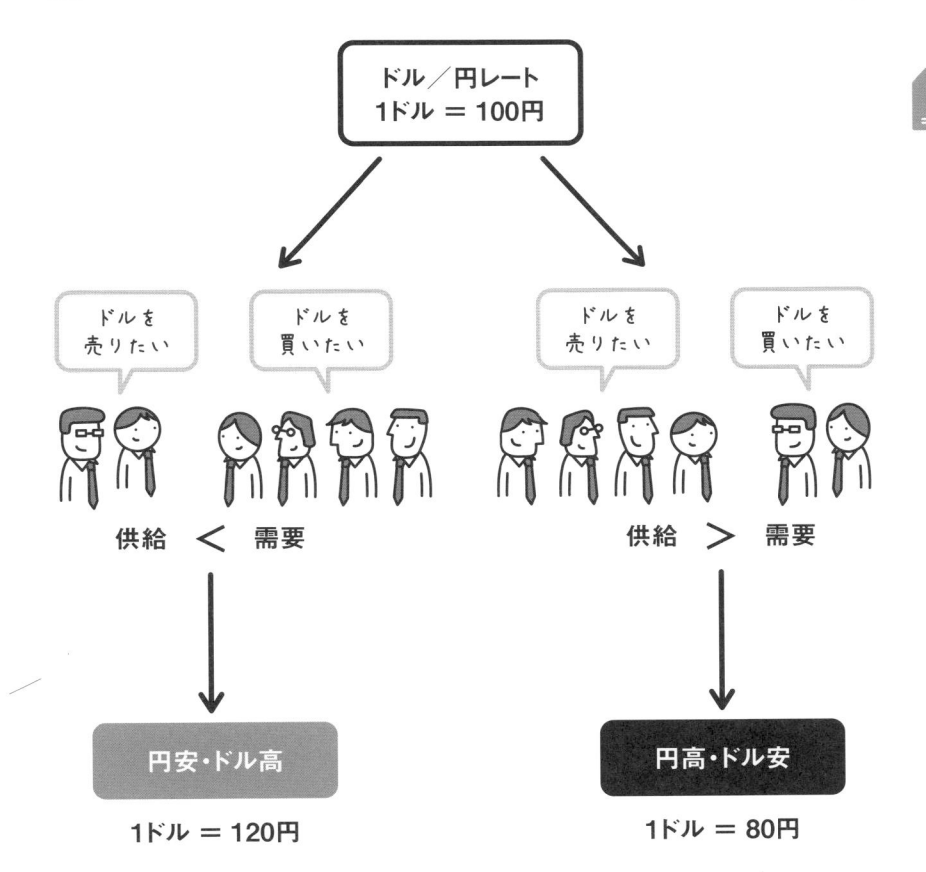

ちなみに、2017年11月の東京外国為替市場における1日あたりの値幅（高値と安値の差）は平均すると約42銭。東京・ロンドン・ニューヨークの3市場では約74銭でした。

為替レートを動かすのは通貨の需給バランスですが、次ページ以降では、もう一歩踏み込んで、何が需給バランスに影響を与え、それによって為替相場はどう動くのかを説明していきます。

貿易赤字か黒字かで変わってくる

通貨の価値は、貿易黒字国で上昇し、貿易赤字国で下落する。米国は対日貿易赤字が続き、ドル／円レートは円高・ドル安へと動いてきた。

▶ 米国の対日貿易赤字とドル／円レートは連動する傾向がある

　貿易では、輸出と輸入の両方で外国為替取引が必要になります。日本企業の輸入では「円をドル（外貨）に換える」、日本企業の輸出では「ドル（外貨）を円に換える」需要が生まれます（→P57）。

　輸入は円をドルに換える、つまりドル買いの需要が増えるので、円安・ドル高の要因になります。一方、輸出はドルを円に換える、つまりドル売りの需要が増えるので、円高・ドル安要因になります。

　世界では、さまざまな国同士が貿易取引を行っていて、各国の政府機関は、自国でどれだけ貿易が行われているかを「**貿易収支**」として発表しています。貿易収支は輸入額と輸出額のバランスのことで、その度合いで次のように黒字国と赤字国に分けられます。

```
・輸出額＞輸入額　→　貿易黒字国
・輸出額＜輸入額　→　貿易赤字国
```

　貿易黒字国は、企業が輸入代金の支払いのために自国通貨を外貨

［米国の対日貿易赤字が増えると円高・ドル安になっている］

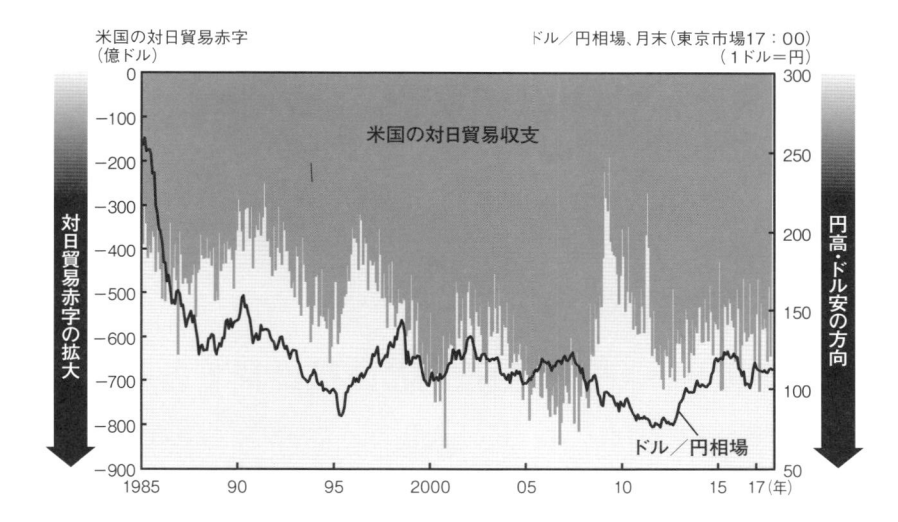

米国の対日貿易赤字
（億ドル）

ドル／円相場、月末（東京市場17：00）
（1ドル＝円）

米国の対日貿易収支

対日貿易赤字の拡大

円高・ドル安の方向

ドル／円相場

1985　90　95　2000　05　10　15　17（年）

に換える需要よりも、輸出で受け取った外貨を自国通貨に換える需要のほうが多いため、**自国通貨の価値が上がります**。日本は貿易黒字が続いてきましたが、黒字額拡大は円高・ドル安要因となります。

　反対に、**貿易赤字国は、通貨の価値が下がります**。たとえば、貿易赤字の米国の場合、輸出で受け取るドルよりも、輸入代金として支払うドルのほうが多い状態にあります。一般にドルを受け取った日本企業はそれを円に換えますから、円高・ドル安要因になります。

　上の図は、米国の対日貿易赤字とドル／円相場を示したものです。米国の対日貿易赤字が増えると円高・ドル安に、減ると円安・ドル高に動く傾向があることがわかりますね。

　このように、貿易取引は為替相場を動かすわけですが、あくまでもそれは1つの要因です。次ページ以降で紹介するさまざまな要因が複雑に絡み合って為替相場を動かしているのです。

投資資金が集まる国と出ていく国でどう違う？

日本から海外に出るお金が増えれば円安要因、海外から日本に入るお金が増えれば円高要因。その状況は証券投資と直接投資からわかる。

▶ 資本の出入りは証券投資と直接投資でみる

60ページで説明したように、よその国に投資する「**資本取引**」の際には、基本的には自国通貨をその国の通貨に交換しなければなりません。つまり、外国為替取引が必要になり、これも外国為替相場を動かす要因の1つになります。前に説明した資本取引の「間接（証券）投資」と「直接投資」に分けて説明しましょう。

①間接（証券）投資

たとえば、日本の投資家が米国の株式や債券などを購入する場合は、円をドルに換える（ドル買い）需要が増えるわけですから、円安・ドル高要因になります（ただし、ドル資金を借りてきて米国の債券などを購入する場合は例外）。

逆に、米国の投資家が日本の株式や債券などを購入する場合は、ドルを円に換える、つまり円買い需要が増えるわけですから、円高・ドル安要因になります（こちらも、円資金を借りてきて日本の株式などを購入する場合は例外）。

日本がどれだけ海外に投資し、どれだけ海外から投資されている

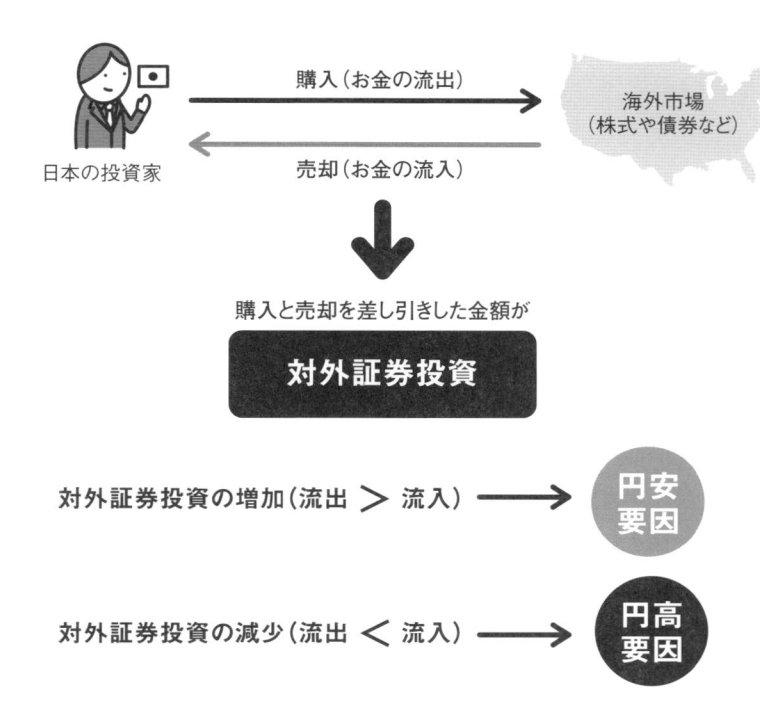

対外証券投資のしくみ

日本の投資家 — 購入（お金の流出）→ 海外市場（株式や債券など）

売却（お金の流入）

購入と売却を差し引きした金額が

対外証券投資

対外証券投資の増加（流出 ＞ 流入）—→ 円安要因

対外証券投資の減少（流出 ＜ 流入）—→ 円高要因

のかという状況は、財務省が発表する「対外証券投資」と「対内証券投資」でわかります。

・対外証券投資

　日本の投資家が海外の株式や債券を購入した金額（お金の流出）と、売却した金額（お金の流入）とを差し引きした金額のことです。

　対外証券投資の増加は、日本の投資家が海外の株式や債券を売却した金額よりも、購入した金額のほうが多いことを意味します。

　この場合、**円を外貨に換える動きのほうが多いことから、円安要因になります。**

逆に、**対外証券投資の減少は、外貨を円に換える動きのほうが多い**ことから、**円高要因**となります。

・対内証券投資

　海外の投資家が日本の株式や債券を購入した金額（お金の流入）と、売却した金額（お金の流出）とを差し引きした金額のことです。

　対内証券投資の増加は、海外の投資家が日本の株式や債券を売却した金額よりも購入した金額のほうが多いことを意味します。

　この場合、**円を買う動きのほうが多い**ことから、**円高要因**になります。

　逆に、**対内証券投資の減少は、円を売る動きのほうが多い**ことから、**円安要因**となります。

②**直接投資**

　たとえば、日本企業が米国に工場を建てる場合、ドル買い需要が増えるわけですから、円安・ドル高要因になります。

　逆に米国の企業が日本に出店する場合は、円買い需要が増えるわけですから、円高・ドル安要因になります。また、海外の企業買収などでも外国為替取引は不可欠です。

　日本の企業がどれだけ海外に投資し、海外の企業がどれだけ日本に投資しているのかという状況は、財務省が発表する「対外直接投資」と「対内直接投資」でわかります。

・対外直接投資

　日本の企業が海外に対して行う直接投資。**対外直接投資の増加は、円を売って外貨を買う需要が増えますから、円安要因になります。**

・対内直接投資

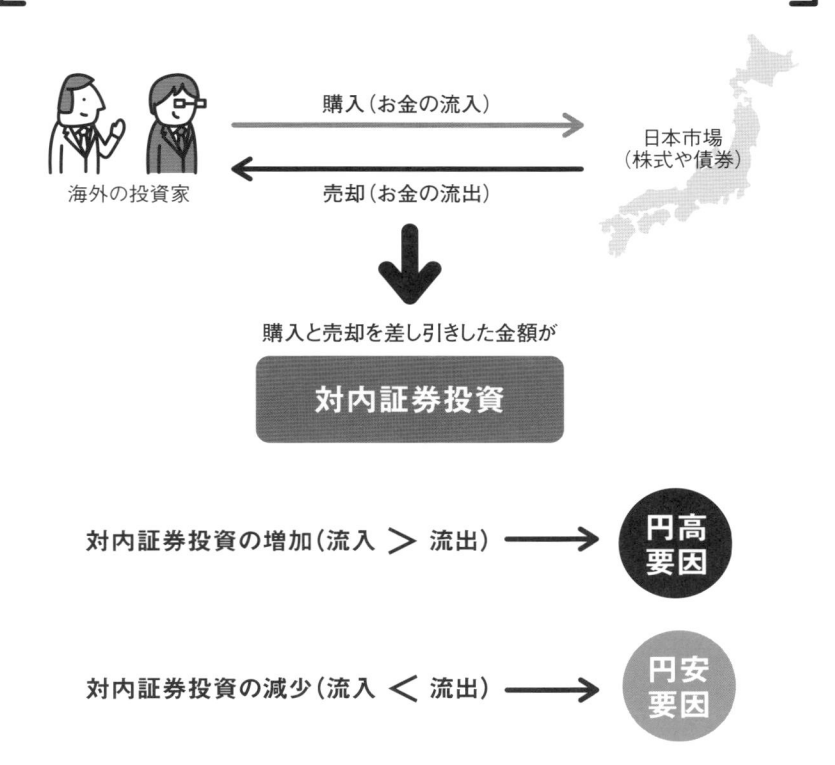

対内証券投資のしくみ

海外の投資家 → 購入（お金の流入） → 日本市場（株式や債券）

日本市場（株式や債券） → 売却（お金の流出） → 海外の投資家

購入と売却を差し引きした金額が

対内証券投資

対内証券投資の増加（流入 ＞ 流出）→ **円高要因**

対内証券投資の減少（流入 ＜ 流出）→ **円安要因**

　海外の企業が日本に対して行う直接投資。**対内直接投資の増加は、外貨を売って円を買う需要が増えますから、円高要因となります。**

　このように、資本取引による為替相場への影響は、基本的には**投資資金が多く集まる国の通貨はたくさん買われるため、価値が高くなる**といえます。日本を基準にみると、**日本から海外に出ていくお金が増えれば円安要因に、海外から日本に入ってくるお金が増えれば円高要因になる**というわけです。

景気の良し悪しは
どう影響してくる?

景気の良い国には、世界中の企業や投資家が投資するので、その国の通貨が買われることになる。

▶ 景気の良い国に資金が集まる

そもそも景気とは何でしょう。辞書には、「企業活動の程度、経済活動の状態」などと出ています。

企業がモノをどんどんつくって人々がたくさん買い、経済活動が活発になった状態を「景気が良い（好景気）」といい、その逆を「景気が悪い（不景気）」といいます。

景気は、どこの国でも悪い状態（谷）から良い状態（山）へ、そこからまた落ちて悪い状態（谷）に戻るという山谷の周期を繰り返しています。これを「**景気循環**」といいます（右の図）。

景気が良ければ、企業の売上げが伸び、新規ビジネスや設備投資にお金が回されるようになるので、ますます売上げの拡大が期待されます。

そうなると、社員の給料も上がりますから、自動車や家電製品の買い換え、旅行、外食などが増えて「**個人消費**」も伸びていきます。

ここでいう個人消費とは、経済用語で世帯単位の消費のことをいいます。家族は同じサイフで生活していると考え、世帯単位でとら

景気循環と通貨高・通貨安の関係

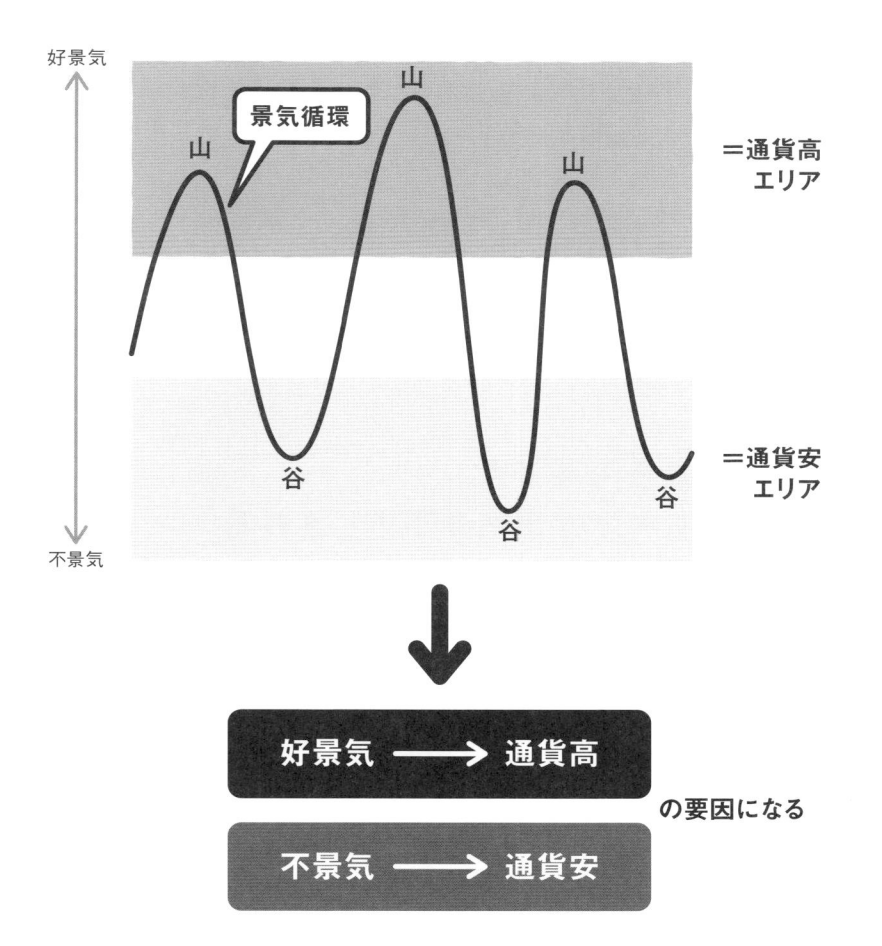

えているわけです。

　1つひとつの世帯の個人消費は小さな金額ですが、国全体でみれば景気に大きな影響を与えます。私たちがモノやサービスを購入すればするほど、企業の売上げが伸びて景気が良くなります。

景気の良い国は、他の国からみてもとても魅力的な市場といえます。世界各国のグローバル企業は、ぜひ進出して得意な分野のビジネスを展開したいと考えます。

　また、景気が良ければ企業の利益が伸びて株価上昇も期待できるため、その国の株を買ってひと儲けしようともくろむ外国人投資家も増えます。

　このように景気の良い国には、世界中から資金が集まります。したがって、**景気が良くなると、その国に投資するために通貨が買われ、価値が上がる**のが一般的です（前ページの図）。

▶ 好景気なら円高でも、
　円高なら今度は景気が下押しされる

　では、日本の景気が他国に先駆けて良くなったらどうなるでしょうか。海外の企業が次々と日本に進出し、日本株に投資する外国人も増えるはずです。

　こうした日本への投資は、考え方としては自国通貨を売って円を買う需要を増やすため、円高要因となります。

　ただし、日本の景気が良くなって円の金利が上昇すれば、それを受けて円高になり、日本企業の収益が減ることを通じて株価を押し下げるルートに注意が必要になります。

　このように、景気とマーケットの動きには相互作用があります。とくに日本の場合、円高が急速に進むと景気・企業業績が悪化しやすいため、政府・日銀は為替相場をなるべく円安気味にしておこうと常に考えているようです。

国が経済成長すると
どうなっていく？

一国の経済力はGDPに表れ、GDPが大きいほど通貨の価値も高い。GDPが成長すると、その国の通貨の価値も上がっていく。

▶ 国の経済規模を測るモノサシがGDP

　米国のドルが基軸通貨になっている理由の１つは「世界最大の経済大国であること」ですが、国の経済規模を測る際には「**GDP（国内総生産）**」という各国共通のモノサシが使われます。

　ＧＤＰとは、一定期間に国内で新たにつくられた商品・サービスの付加価値（商品・サービスの売上げから原材料費を引いた金額）の合計額のこと。ＧＤＰが増えれば増えるほど、その国の経済規模が大きくなったことを意味します。

　次ページの図のように、世界のＧＤＰをみると、2016年のランキングは、１位が米国で18兆6245億ドル（約2048兆6950億円）、３位が日本で４兆9474億ドル（約544兆2140億円）。国の大きさが違うだけに、やはり米国にはかないません。

　前ページでは景気の良し悪しについて説明しましたが、景気も漠然としたイメージではなく、ＧＤＰが前年より増えたか減ったかで判断することができます。それが「**GDP成長率**」で、好景気の年はＧＤＰ成長率が高くなり、逆に不景気の年は低くなります。

（単位：兆ドル）

順位	国名	GDP
1	米国	18.6245
2	中国	11.1992
3	日本	4.9474
4	ドイツ	3.4778
5	英国	2.6479
6	フランス	2.4655
7	インド	2.2635
8	イタリア	1.8500
9	ブラジル	1.7962
10	カナダ	1.5358

3位の日本の3倍以上！

No.1

出典：内閣府

2016年度の日本のGDP成長率（物価の変動を調整した実質ベース）はプラス1.3％。景気はやや改善したということです。

▶ GDPの成長とともに通貨の価値が上がっていく

経済成長を遂げた国の通貨の価値は高くなるということは、日本経済の歴史からはっきり証明されています。

日本経済が飛躍的に成長を遂げた高度経済成長期の1957〜72年度のGDP平均成長率は9.5％。日本のGDPは右肩上がりでグングン伸びていきました。この間、１ドル＝360円だったドル／円相場は1971年12月に１ドル＝308円に切り上げられ、73年には変動相場制に移りました。

右の図は、日本のGDP（物価変動を調整していない名目ベース）の推移とドル／円相場を比べたものですが、ＧＤＰの成長と円の上昇が同じようなラインを描いています。

日本のGDP拡大とともに円の価値も上昇

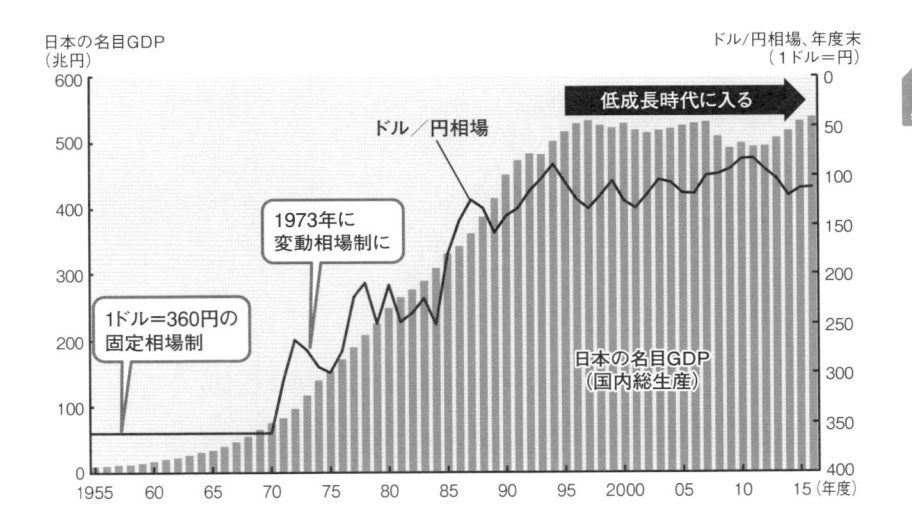

日本の名目GDP
（兆円）

ドル/円相場、年度末
（1ドル＝円）

低成長時代に入る

ドル／円相場

1973年に
変動相場制に

1ドル＝360円の
固定相場制

日本の名目GDP
（国内総生産）

1955　60　65　70　75　80　85　90　95　2000　05　10　15（年度）

　オイルショック以降は安定成長期に入り、1974年度からバブル経済の崩壊が始まる直前の89年度までのGDP成長率の平均は3.6％。この間、日本では徹底したコスト削減によって輸出型企業が強い国際競争力をつけましたが、対米輸出の増加が貿易摩擦をもたらし、プラザ合意（→P70）を機に急激な円高へと向かいます。

　1990年のバブル経済崩壊後は長期にわたる不況に入り、1991〜2016年度までのGDP平均成長率はたったの0.6％でした。

　このように、長期でみると日本は着実に経済成長を遂げています。**1971年に1ドル＝360円だったドル／円レートが、2017年現在では110円前後と3倍以上、円の価値が高くなっています。**

　日本のGDPは1990年代後半から530兆円台で頭打ちになり、それとともにドル／円相場も横ばいになりました。日本は低成長期に入り、米国を追い上げる状況ではなくなったのです。

内外金利差は
どう作用する?

**お金は金利の低い国から高い国へと流れるので、金利の高い国の
通貨が買われて通貨の価値を押し上げる要因になる。**

▶ 国によって預金金利が異なる理由とは?

　世界には、預金金利が低い国もあれば、高い国もあります。なぜ
でしょうか?　それは、銀行が預金金利を決めるときのベースとな
る「**政策金利**」が国によって異なるからです。

　政策金利とは、各国の中央銀行が、銀行にお金を貸すときの金利
のことで、国内の景気と物価（経済の状態）に応じて各国の中央銀
行が決めています。銀行は、この政策金利を基準に、企業や個人の
預金や融資の金利を決めます。

　景気が過熱すると、政策金利を引き上げ、物価高騰（インフレー
ション）や過度な投資を抑えます。金利が上がるとお金が借りにく
くなるため、景気の熱をさますことができるのです。

　逆に、景気が悪くなってくると、政策金利を引き下げ、物価下落
（デフレーション）を抑制しつつ投資を促し、景気回復を図ります。
金利が下がってお金が借りやすくなるため、景気が回復します。

　国の経済状態に応じて政策金利は変わりますから、当然、預金金
利の高い国と低い国が出てくるわけです。日本国内と外国との金利

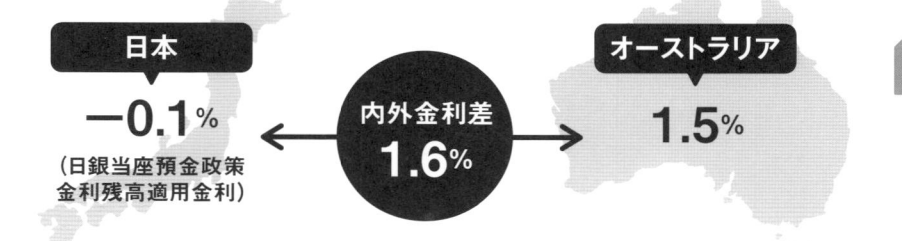

国内と外国との金利差が内外金利差

日本

−0.1%

（日銀当座預金政策
金利残高適用金利）

内外金利差
1.6%

オーストラリア

1.5%

※ただし、日銀は現在、長短金利操作（イールドカーブ・コントロール）を行っているため、政策金利には短期と長期の2つがあり、短期は上記のレート、長期は「10年物国債金利 ゼロ%程度」です。　（2017年12月現在）

差を「**内外金利差**」といい、内外金利差は広がったり縮まったりします。

　たとえば、2017年12月時点の政策金利をみると、日本が−0.1%、豪州が1.5%なので、日本と豪州の内外金利差は1.6%です。

▶ 内外金利差が広がると
　お金は金利の高い国へ流れる

　近年、日本は超低金利が続いています。たとえば、金利0.5%の円定期預金に預けているとき、ドル定期預金の金利が2%から5%に上がったら、円預金の一部を解約してドル定期預金に預けようという人が増えるのではないでしょうか。

　そうなると、円を売ってドルを買う需要が高まるため、円安・ドル高になりがちです。

　実際、2007年には円預金より金利の高い豪ドル預金やニュージーランド（NZ）ドル預金が大人気でした。この年の10月、それぞれの預金金利は、円定期預金（1年）が0.35%なのに対して、

金利と為替相場の関係

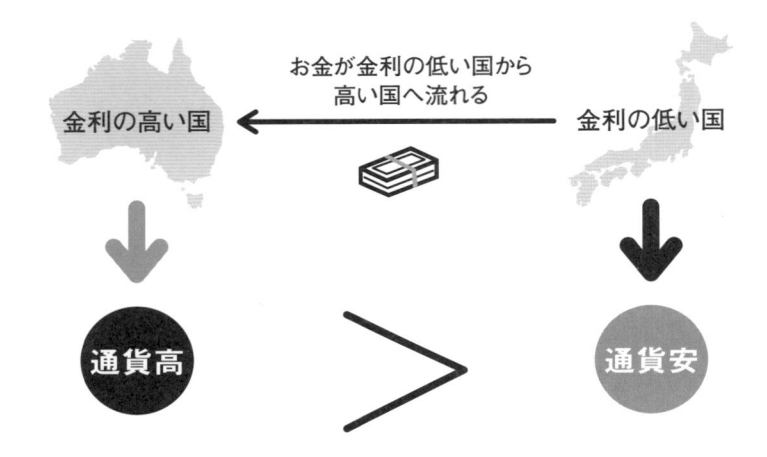

豪ドル定期預金（1年）は5.3％、ＮＺドル定期預金（1年）は7％。

これだけ差があると、多くの人が飛びついたのもうなずける話です。「外貨預金が初めて」という主婦なども、少しでも預金を増やしたいと、始めた人が多かったようです。

このとき、為替レートがどうなったかというと、2007年1月に1豪ドル＝90円台前半だった豪ドル／円レートは10月には107円台まで約17円も円安・豪ドル高になりました。

一方、2007年1月に1ＮＺドル＝80円台前半だったＮＺドル／円レートも7月には97円台まで約17円も円安・ＮＺドル高になっています。豪州やＮＺと日本の金利差が、円に対して豪ドル高、ＮＺドル高に作用したわけです。

このように内外金利差が広がると、お金は金利の低い国から高い国へと流れやすくなり、金利の高い国の通貨の価値を押し上げる要因となります。

インフレ率が
与える影響は?

**インフレ率が高い国の通貨価値は下がる傾向にある。その理由を
購買力平価説の経済理論を用いて説明しよう。**

▶ 為替相場は「一物一価の法則」で動く

「**インフレ**」とは、インフレーションの略で、モノの値段が上がり
続ける状態。その反対がデフレーションを略した「**デフレ**」で、モ
ノの値段が下がり続ける状態をいいます。

物価が上がると家計が苦しくなったりサイフの紐が固くなったり
と、私たちの生活にさまざまな影響が出てくるわけですが、**インフ
レ率（物価上昇率）**は為替相場も大きく動かすといわれています。

この話をするときによく用いられるのが、「**購買力平価説**」とい
う経済理論です。簡単にいうと、「**同じモノの値段はどこの国でも
同じになる（一物一価の法則）**」という考えにもとづいて、為替相
場が動くという理論です。

この購買力平価説を説明するときに、よく例に挙げられるのがマ
クドナルドの「ビッグマック」です。世界各国で販売されているた
め、価格が比べやすいからです。

たとえば、ビッグマックがニューヨークでは1個2ドル、東京で
は1個300円だったとしましょう（93ページの図）。このとき、

国は違ってもモノの値段は同じ（一物一価）という法則が為替相場にもあてはまるとすれば、

２ドル＝300円

ということになり、ドル／円レートは、

１ドル＝150円

が適正ということになります。

　そして１年後、ビッグマック１個の値段が東京では300円のまま変わらず、ニューヨークでは３ドルに値上がりしたとします。

　先ほどと同じように考えると、

３ドル＝300円

なので、ドル／円レートの適正水準は、

１ドル＝100円

になります。

▶ 購買力の減少は通貨価値の下落を招く

　１年後に、日本に比べて米国の物価が上昇した分、１ドルの価値は150円から100円に下がっていますね。

　つまり、購買力平価説では、**インフレ率が高い国の通貨は価値が下がり、逆にインフレ率の低い国の通貨は価値が上がる**となるわけです。

　ここでいう購買力とは、その通貨がもっている「**モノを買う力**」のことです。先の例では、米国で２ドルで買えたビッグマック１個が、１年後に２ドルでは３分の２個しか買えなくなりました。

　このように、インフレ率の高い国の通貨は購買力が減少していくため、インフレ率の低い国の通貨に対して為替レートが下落していくのです。

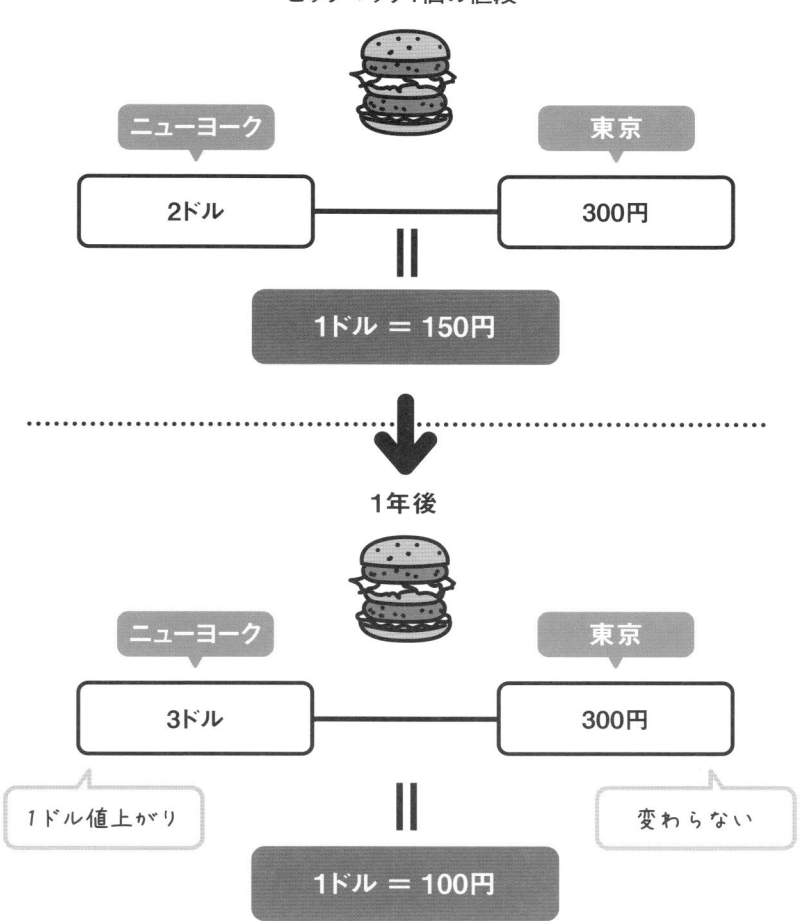

購買力平価説による為替レートの考え方

ビッグマック1個の値段

ニューヨーク

2ドル

東京

300円

‖

1ドル = 150円

1年後

ニューヨーク

3ドル

東京

300円

1ドル値上がり

変わらない

‖

1ドル = 100円

米国の物価が上がった分ドルの価値が下がって
円高・ドル安になった！

株式相場が上昇すると
どうなる?

**株価上昇は通貨高につながる。日本の株価上昇が見込まれると、
日本株に投資するために海外投資家が円を買うので円高になる。**

▶ 投資家の行動が為替相場に影響を与える

　株式相場は為替相場の動きに影響を与えます。

　まず、ある国の株価上昇が見込まれると、その国の通貨の価値が
上がります。82ページで、お金は「景気の良い国」に集まると説
明しましたが、同じように「**株価の上昇が見込まれる国**」に集まる
傾向があるのです。

　たとえば、世界的な不況のなか、日本経済が他国に先駆けて景気
回復し、いち早く株価上昇が見込まれるとします。すると、このチ
ャンスにひと儲けしようと日本株を買う海外の投資家が増えます。

　また、日本の投資家が、海外に投資していた資金を引き揚げ、上
昇が見込まれる日本株に振り向けることも考えられます。

　どちらにしても外貨が円に換えられる量は増えるので、

日本の株価上昇の見通し　→　円高

という流れになります（右の図）。

　海外の投資家にとっては、株の値上がり益だけでなく、通貨の価

日本の株価上昇と円相場の関係

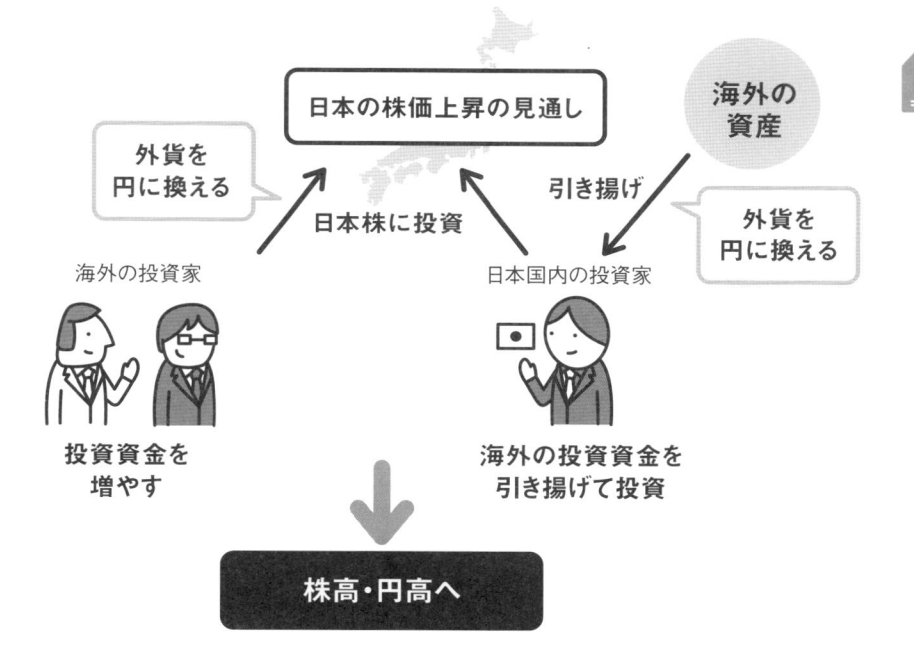

値が上がることによって為替差益が期待できるメリットもあります。

たとえば、１ドル＝120円のとき、米国の投資家が日本株を1200万円購入（必要資金10万ドル）して、その株が値上がりして1500万円に増えたとします。

米国の投資家がドルに換金しようとしたとき、ドル／円レートが、

①１ドル＝120円で変わらなかった場合

1500万円＝12万5000ドル、資金10万ドルを投資していたので、儲けは、

12万5000ドル－10万ドル＝2万5000ドル

② 1ドル＝100円の円高になっていた場合

1500万円＝15万ドル、資金10万ドルを投資していたので、

15万ドル－10万ドル＝5万ドル

の儲けになります。

ドル／円レートが20円、円高になったことによって、2万5000ドルも多く儲けることができます。

しかし、すでに述べたように（→P84）、円高が大きく進むと日本の景気が悪くなり、日本の株は下落するのが普通です。

株高と円高の組み合わせには、自然にブレーキがかかるわけですね。

また、「アベノミクス相場」では株高と円安が同時に大幅に進みました。

これは2013年4月に日銀が「量的・質的金融緩和」、いわゆる異次元緩和を導入したことが主因でした。

日銀の大規模で実験的な金融緩和による円安で日本の景気・企業業績が本格的によくなると海外の投資家が期待して、大量に日本株を買いつつ円を売ったのです。

このように、株高と円安（およびその相乗作用）を狙う投資を行う場合には、日本株を買うための円資金をなんらかのかたちで調達したうえで、さらに為替市場で円売りのポジション（持ち高）をつくることがあります。

経済指標の発表が
世界中から注目される

為替レートはファンダメンタルズをもとに動くので、投資家はファンダメンタルズを示す経済指標を参考にして投資判断をしている。

▶ 数値で経済状況を把握できるのがメリット

　これまで説明してきたように、為替相場は各国の貿易取引や資本取引の量、景気の良し悪し、経済成長、内外金利差、インフレ率などの影響を受けて動いています。

　こうした経済の基礎的な条件を「**ファンダメンタルズ**」といい、これが好調な国の通貨は上昇し、低調な国の通貨は下落します。

　ということは、為替取引で稼ぐには、どの国のファンダメンタルズが良くなって、どの国のが悪くなるのかを見極めればいいわけです。実際に、多くの投資家は各国の経済動向を予測することで、為替相場の方向性を予想しています。

　しかし、自国経済の分析だけでも難しいのに、よその国のことまで調べるとなると、プロの機関投資家でも労力や時間、コスト面から難題です。そこで、世界中の投資家は自分でその国の経済状況を細かく調べるのではなく、定期的に発表されている「**経済指標**」を参考にしています。

　経済指標とは、最新の経済状況を数値化したもので、以前とどう変わったかを知ることもできます。代表的なものにＧＤＰ成長率や

雇用統計、景況感指数、消費者物価指数、小売売上高などがあります。

　経済指標の多くは政府などの公的機関で作成・公表されているため、調査が公平・公正で信用度が高く、また、はっきり数値で表されるため、客観的に経済状況を把握できます。

　為替相場は米国やユーロ圏、日本など主要国・地域のファンダメンタルズに大きく影響されるため、世界中の投資家はとくにこれらの国・地域の経済指標に注目しています。その結果が市場に大きなインパクトを与えると、為替相場が急激に動くこともあるからです。

　とくに為替市場でかなりの影響力をもつ**資本筋**（短期間で多額の為替取引を行って利益獲得をめざす投資家→P119）**は、経済指標の結果を受けていっせいに通貨を売買することがあるので、発表時には相場が急変することも少なくありません。**

▶ 世界で最も注目されている米国の雇用統計

　経済指標は1つの国だけでも数十個ありますが、どの経済指標が市場で注目されるかはその時々の経済環境によって変わります。

　世界の最大の注目の的は、米国の「**雇用統計**」や製造業の景況感（企業が感じる景気の良し悪し）を示す「**ISM製造業景況感指数**」などです（右の図）。

　世界経済をリードする米国の景気がどうなるか、物価と金融政策がどう動くかは、世界中の市場関係者の最大の関心事と言えるでしょう。

　なかでも、カギを握るのが雇用統計の「**非農業部門雇用者数**」と「**失業率**」です。最近では「時間当たり賃金」の注目度が高いです。

注目度の高い米国の経済指標

■雇用統計（毎月第1金曜日発表）

雇用統計の中の以下の2つなどが注目ポイント

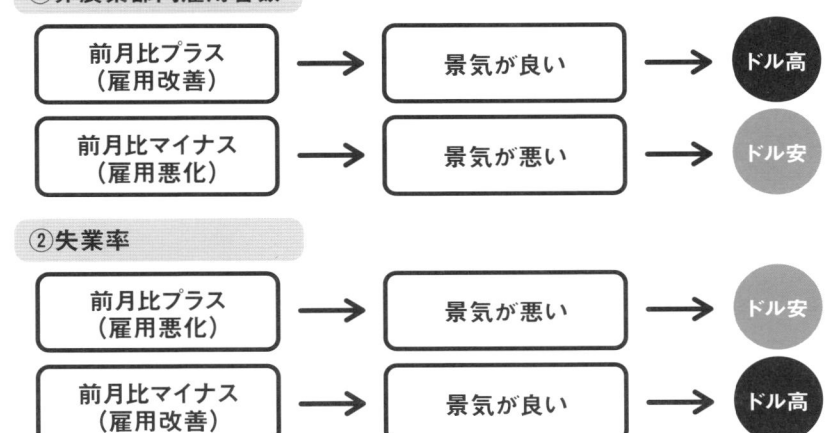

①非農業部門雇用者数

| 前月比プラス（雇用改善） | → | 景気が良い | → | ドル高 |

| 前月比マイナス（雇用悪化） | → | 景気が悪い | → | ドル安 |

②失業率

| 前月比プラス（雇用悪化） | → | 景気が悪い | → | ドル安 |

| 前月比マイナス（雇用改善） | → | 景気が良い | → | ドル高 |

■ISM製造業景況感指数（毎月第1営業日発表）

指数50が景気の良し悪しを測る分岐点

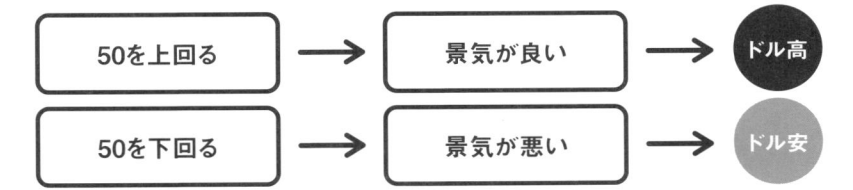

| 50を上回る | → | 景気が良い | → | ドル高 |

| 50を下回る | → | 景気が悪い | → | ドル安 |

■小売売上高（毎月中旬発表）

小売業の売上げ状況がわかる

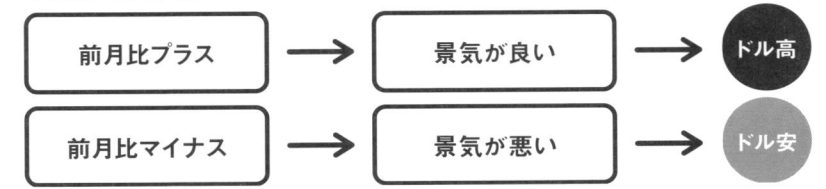

| 前月比プラス | → | 景気が良い | → | ドル高 |

| 前月比マイナス | → | 景気が悪い | → | ドル安 |

非農業部門雇用者数は、前月比の増減数が市場予想より良いとドル高要因、悪いとドル安要因となります。

　発表された経済指標が為替相場にどのくらいインパクトを与えるかは、前回の数値だけではなく、事前にニュースで出回る市場予想に比べてどうかということが大いに関係してきます。

　たとえば、2017年8月の非農業部門雇用者数は、「18万人増」という市場予想に対し、「15.6万人増」と、増加したものの、市場予想を下回る結果になりました（同年9月1日発表）。

　この数字を受けて、1ドル＝110円台だった為替レートは、110円を割り込み、109円台半ばまで一気に円高・ドル安に進みました。資本筋がいっせいに動き、ドル売りがさらなるドル売りを呼ぶといった展開になったのです。

▶ 日本の景気動向を示唆する日銀短観

　日本の経済指標では、海外でも「ＴＡＮＫＡＮ」の名で広く知られ、常に注目度が高いアンケート調査「**日銀短観**」や、鉱業・製造業の生産活動状況を示す「**鉱工業生産指数**」、日本経済の良し悪しの目安となる「**実質ＧＤＰ1次速報**」などが注目されています（右の図）。

　日銀短観とは、日本銀行が実施している「全国企業短期経済観測調査」のことです。短観の調査は、製造業・非製造業の大企業から中小企業まで幅広く1万社以上を対象としており、3月、6月、9月、12月の年4回実施されます。

　数多くの調査項目がありますが、そのなかでも代表的なのが「**業況判断指数（ＤＩ＝ディフュージョン・インデックス）**」です。これがプラスなら景気上昇を示唆するため円高要因となり、マイナス

注目度の高い日本の経済指標

■ 日銀短観（4・7・10月初旬と12月中旬発表）
大企業・製造業などの景況感を示す以下のものが注目ポイント

業況判断指数（DI）

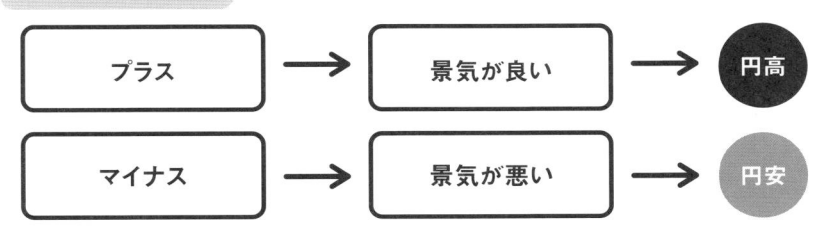

■ 鉱工業生産指数（毎月下旬発表）
製造業などの生産活動状況がわかる

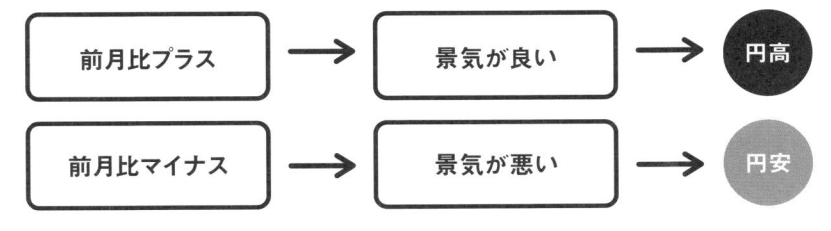

■ 実質GDP1次速報（2・5・8・11月中旬発表）
日本経済全体の最新状況がわかる

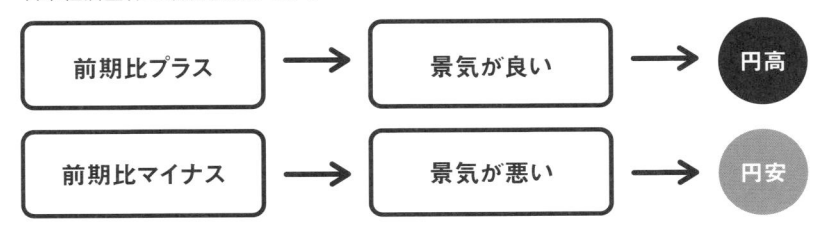

なら景気下降を示唆するため円安要因となります。

2017年12月の短観は、大企業製造業の景況感を示す業況判断指数（ＤＩ）がプラス25と、前回９月調査より３ポイント改善（同年12月15日発表）。５四半期連続の改善となり、2006年12月以来、11年ぶりの高水準となっています。堅調な海外経済の恩恵を受けていることが景況感改善の要因と考えられます。

▶ ユーロ圏ではドイツ企業景況感指数に注目

次に、ユーロ圏に関する経済指標を紹介しておきましょう。

ユーロ圏とは、欧州のEU加盟28カ国のうち、国の通貨として公式にユーロを採用している19カ国（2017年12月現在）のことをいいます（→Ｐ154）。複数の国が集まっているため、ユーロ圏全体の経済状況を把握するのは容易ではありません。

そこで現在は、①**ユーロ圏の製造業およびサービス業の購買担当者の景況感指数（ＰＭＩ）**や、②**ユーロ圏ＨＩＣＰ（統合ベース消費者物価指数）**、③**ドイツＩｆｏ景況感指数**などが注目されています。

ＰＭＩは、民間調査会社・マークイット社が発表しており、速報値と確報値、ドイツ・フランス・イタリア・スペインなど国別のデータがあります。米国、英国、日本などその他の国々についてもデータがあります。ＰＭＩが50を超えると景気は上向きとみなされ、対象国の通貨が買われやすくなります。

ＨＩＣＰは、ユーロ圏の消費者物価指数（ＣＰＩ）のこと。ＥＣＢ（欧州中央銀行）の金融政策において物価動向が重要になるため、欧州委員会が発表しており、速報値と改定値があります。ＨＩＣＰの上昇はユーロ高要因、下落はユーロ安の要因となります。

Ｉｆｏ景況感指数は、ドイツ企業の景況感を調べたものです。

注目度の高いユーロ圏の経済指標

■ユーロ圏PMI（速報値・毎月下旬、確報値・毎月上旬発表）
製造業・サービス業の景況感を示す

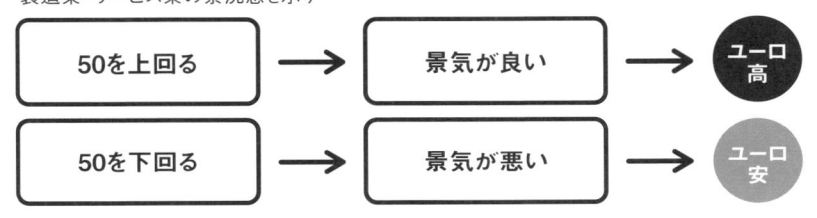

| 50を上回る | → | 景気が良い | → | ユーロ高 |
| 50を下回る | → | 景気が悪い | → | ユーロ安 |

■ユーロ圏HICP（速報値・毎月月末、改定値・毎月中旬発表）
消費者物価の動向を示す

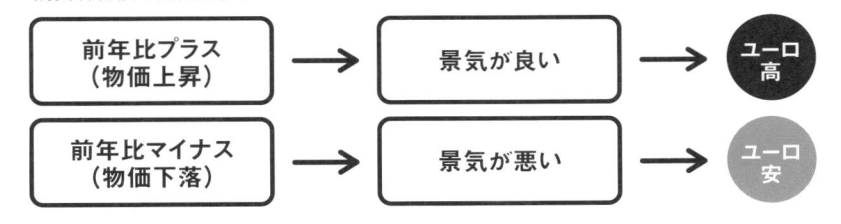

| 前年比プラス（物価上昇） | → | 景気が良い | → | ユーロ高 |
| 前年比マイナス（物価下落） | → | 景気が悪い | → | ユーロ安 |

■ドイツIfo景況感指数（毎月下旬発表）
ドイツ企業の景況感を示す。2000年を100として算出

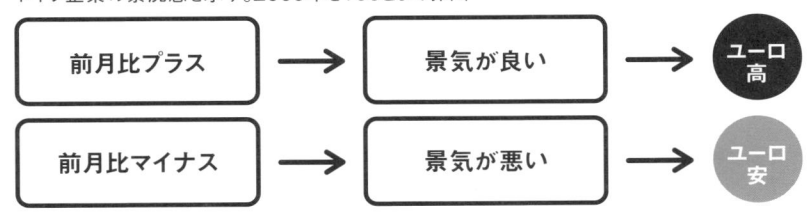

| 前月比プラス | → | 景気が良い | → | ユーロ高 |
| 前月比マイナス | → | 景気が悪い | → | ユーロ安 |

2000年を100として算出され、前月比がプラスならユーロ高要因、マイナスならユーロ安要因となります。Ｉｆｏ企業景況感指数の1週間前に発表される「ＺＥＷ景況感指数」も先行指標として注目されています。

時間・季節によって 為替相場の動きが違う

為替市場の取引量は、1日の時間帯や1年の中で多いときと少ない ときがある。1日、1カ月、1年単位でその法則をみてみよう。

▶ 為替の取引量が最も多いのはいつ?

ランチタイムに飲食店が混んだり、暑くなるとアイスクリーム店 が繁盛したりするように、外国為替市場は、時間帯や季節の要因に よって取引量が大きく変わってきます。1日、1カ月、1年単位で 区切ってみてみましょう。

①1日→日本時間の深夜に取引量が増え、早朝は減る

1日のうちで最も取引量が多いのは、日本時間の21時頃〜翌日 2時頃にかけてです。この時間帯は欧州の銀行に加え、米国の銀行 も取引に加わり、市場はがぜん賑やかになります。

さらに、市場の注目度が高い米国の経済指標（→P97）の発表も、 この時間帯によく行われます。取引量が増える頃を見計らって大口 注文も増えるため、為替相場はますます大きく動きやすくなります。

逆に、取引量が少なくなるのは日本時間の早朝、東京市場がオー プンするまでの時間です。米国の銀行も取引を手じまい、参加者は シドニー市場などのオセアニア勢（オーストラリア、ニュージーラ ンド）だけになります。

②１カ月→５日、１０日、月末に取引量が増える

企業の輸出入の決済が増える５日と１０日（ゴトウ日）や月末は、外貨の買い注文が出やすく、円安になる傾向があります。

③１年→取引量は休暇や企業の決算月に大きく関係する

・２～３月→円高傾向

多くの日本企業が決算を前に、海外の子会社や現地法人が稼いだ利益を日本国内に送るリパトリエーション（資金の本国還流）が活発に行われます。そのため、この時期には、日本企業が現地通貨を売って円を買う動きが盛んになります。

・４～５月→円安傾向

決算終了後、日本企業が新規取引を始めるため、ドル買いが増える傾向にあります。同じく、決算を終えた機関投資家が海外の株式・債券などにどんどん投資し始めるので、円安になりがちです。

・８月→取引量が減る

日本はお盆休み、欧米は夏季休暇に入るので、市場の取引量は減り、こう着状態の相場が多くなります。

・１１月→ドル高、ユーロ高傾向

１２月に決算を迎える欧米企業が海外の資金を自国に戻すリパトリエーションが増えます。海外にある資金を米ドルやユーロなどに戻す作業を行うため、ドル高、ユーロ高になりがちです。

・１２月→取引量が減る

１年のしめくくりである１２月は、欧米がクリスマス休暇のため、取引量が激減します。また、外国企業は１２月決算のため、損益が大きく動くことを嫌い、取引を控えることも多くなるようです。そのため相場はあまり動かなくなる傾向があります。

Part 4

為替相場の動きと経済のつながりを詳しくみてみよう

円高・円安はドル、ユーロとの力関係で決まる

外国為替市場ではドル、ユーロ、円の3強通貨が圧倒的シェアをもつ。米国の政策・政権運営の混乱がドル安を招いた場面も。

▶ ドル、ユーロ、円の合計で市場の大半を占める

通貨の世界で3強を挙げるとすれば、まずは基軸通貨ドル、そしてユーロと円になります。

右の図の「外国為替市場（インターバンク市場）における取引高の通貨別シェア」をみても、**3通貨の合計シェアは全体の約70％**。3年前と比べても状況は変わっていません。

であれば、他の通貨が与える影響は微々たるものとみて、円高・円安、ドル高・ドル安、ユーロ高・ユーロ安は、主にこの3通貨の力関係で決まっているといっていいでしょう。

たとえば、「円高になる」ということは、ドルやユーロが売られ、円が買われる状態を意味します。

そうなったときの通貨の力関係は、「**円　＞　ドル、ユーロ**」となります。

▶ 米国の方が高成長なのに円高の理由は？

円、ドル、ユーロの一定期間についての力関係をみてみましょう。

111ページの図は、2017年1〜8月末までの為替相場です。

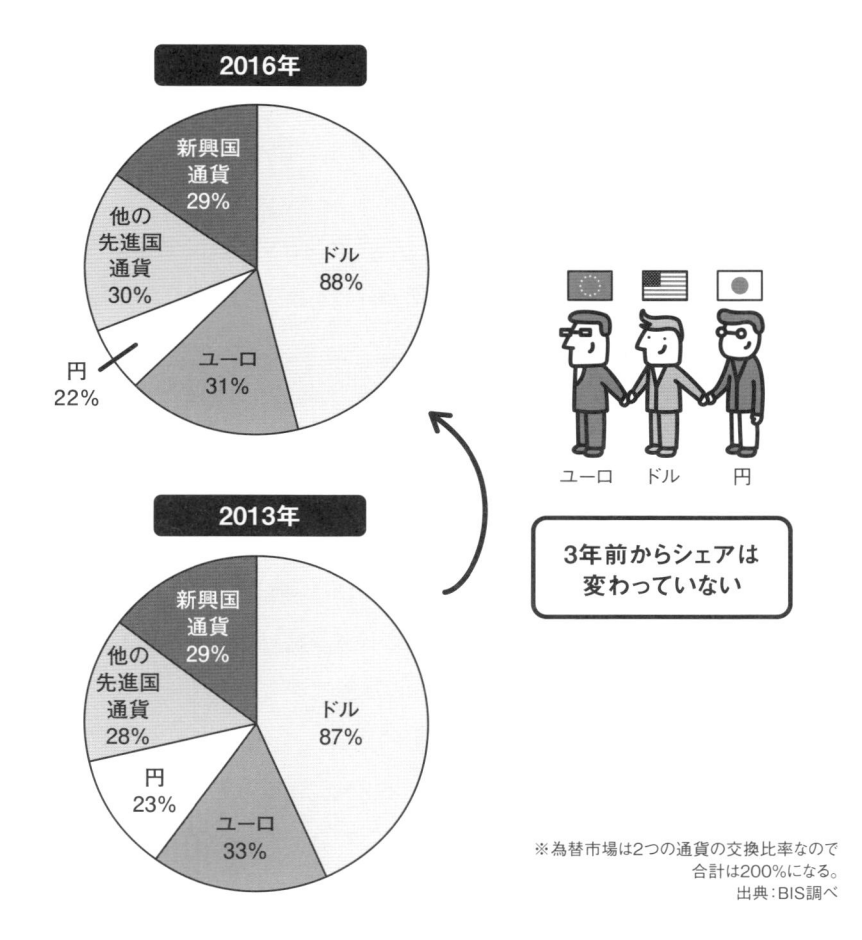

外国為替市場における取引高の通貨別シェア

2016年

- 新興国通貨 29%
- 他の先進国通貨 30%
- 円 22%
- ユーロ 31%
- ドル 88%

2013年

- 新興国通貨 29%
- 他の先進国通貨 28%
- 円 23%
- ユーロ 33%
- ドル 87%

ユーロ　ドル　円

3年前からシェアは変わっていない

※為替市場は2つの通貨の交換比率なので合計は200%になる。
出典：BIS調べ

これをみると、この期間の大きな流れとしては「ドル／円相場は円高・ドル安」「ユーロ／円相場はユーロ高・円安」「ユーロ／ドル相場はユーロ高・ドル安」に動いています。このことから、この期間の3つの通貨の力関係は以下のようになります。

ユーロ　＞　円　＞　ドル

米国経済は良好に推移しているとみられるなか、2017年7〜8月にドル／円相場が円高・ドル安に動いた要因としては、①トランプ大統領の長男がロシアの弁護士と接触したというスキャンダル報道や、②米経済指標（小売・物価）が市場予想を下回り、物価の先行きや追加利上げに不透明感が出たこと、③トランプ政権の政策実現性への懸念──などが挙げられます。

　米国の経済が日本やユーロ圏に比べて比較的堅調にもかかわらず、米国の政策・政権運営の混乱や過激なトランプ大統領の発言がドル安を招いたわけです。

　また、度重なるミサイル発射など北朝鮮情勢への警戒感の高まりも円高要因となっています。日本が危険にさらされているのに、なぜ円が買われるのでしょうか。

　その理由は、市場参加者の間で「円」が相対的に安全な資産と考えられているからです。世界最大の対外純資産国である日本の通貨である円は、世界的にみると信用が高く、換金しやすい流動性も備わっています。もちろん、こうした相場の動きを先読みして為替差益を狙う機関投資家の行動も円高に拍車をかける要因となっています。

　また、日本の超低金利政策によって膨らんだ「円キャリートレード」の解消も急激な円高要因に挙げられます。これは195ページで詳しく説明します。

　ユーロ／円相場では、異次元緩和を継続する日銀の金融政策に対し、欧州中央銀行（ECB）では2018年〜19年に量的緩和終了が見込まれていることがユーロ高要因になっています。

　一方、ユーロ／ドルでは、やはり前述した米国の政策・政権運営の混乱や過激なトランプ大統領の発言などがしばしばドル安・ユーロ高要因になっています。

ユーロが円、ドルに対して高くなっている

※日銀資料より編著者作成

■ドル／円相場の推移

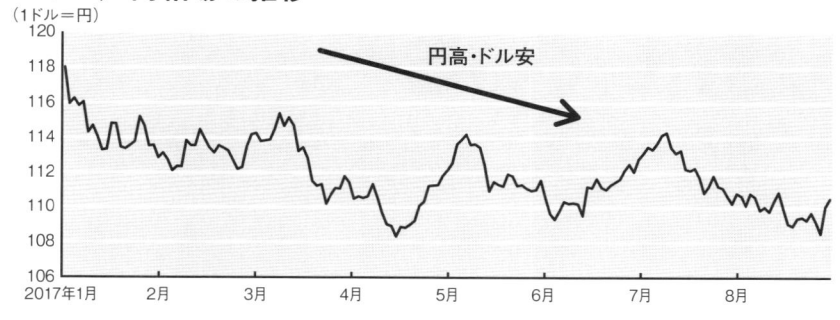

■ユーロ／円相場の推移

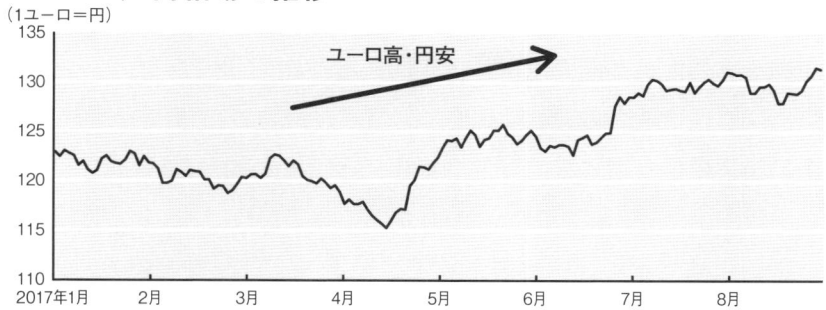

■ユーロ／ドル相場の推移

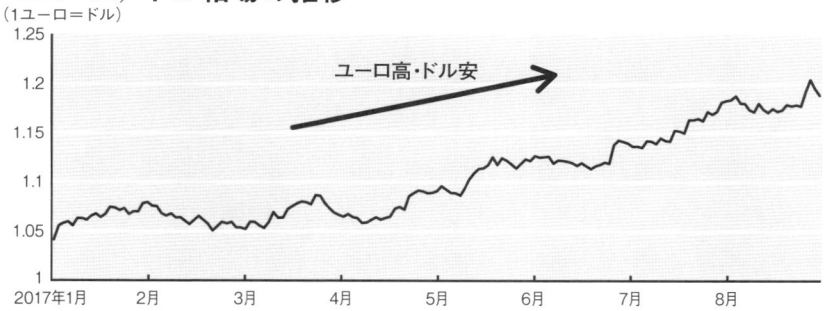

為替相場が日本の株価を左右している

円高は海外投資家に為替差益をもたらすため、日本株投資を後押しするが、一方で輸出関連企業の株価にマイナスの影響を与える。

▶ 円高が外国人投資家の日本株買いを後押しする

94ページで、ある国の株価上昇が見込まれると、その国の通貨の価値が上がる法則を紹介しました。日本株の上昇が見込まれると、海外からの投資が活発になり、円の需要が増えるのです。

つまり、「日本株高＝円高」という式が成り立つはずですが、現実の為替相場と日本株の関係は本当にそうでしょうか。

右の図は、ドル／円相場と「TOPIX（東証株価指数）」の推移を比べたものです。TOPIXとは、東京証券取引所第1部の全銘柄を対象として算出される株価指数で、東証1部全体の平均的な動きを反映しています。

これをみると、同じようなラインを描いている時期もそうでない時期もあり、いつでも連動しているとはいえません。

それは、株式市場だけでなく、その国の景気や金利、貿易収支、物価などさまざまな要因が影響してドル／円相場が動いているからです。

ただし、外国人投資家、主に米国や欧州など海外の年金基金や投

ドル／円相場とTOPIXの推移

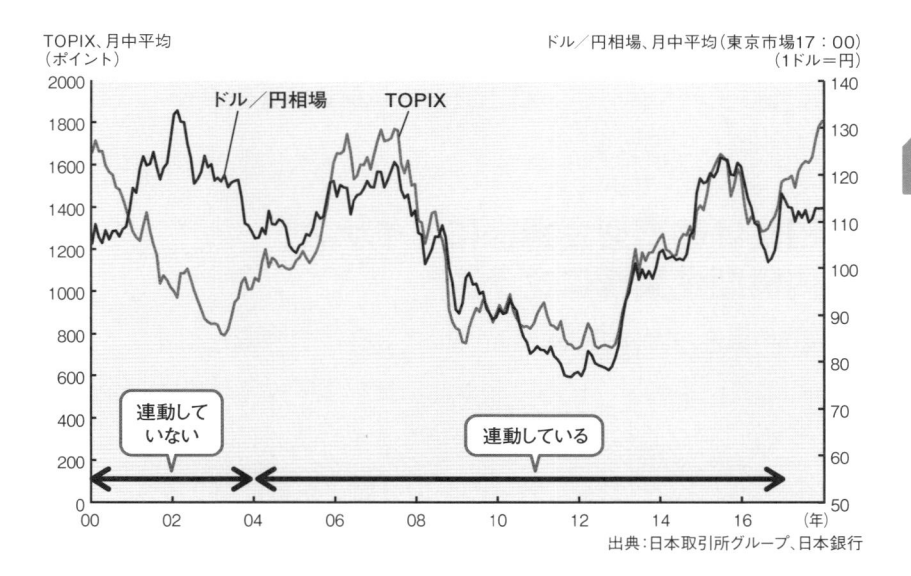

TOPIX、月中平均
（ポイント）

ドル／円相場、月中平均（東京市場17：00）
（1ドル＝円）

出典：日本取引所グループ、日本銀行

4

為替相場の動きと経済のつながりを詳しくみてみよう

資信託などを運用する機関投資家にとって、為替相場の動きと日本株の動きは、投資を判断する重要なポイントになります。

　なぜなら、為替相場の動きが外国人投資家の収益を大きく左右するからです。彼らは、以下のように考えます。

・円高が続くなら、為替差益が狙える→日本株を買いたい
・円安が続くなら、為替差損が発生する→日本株を売りたい

　日本の株式市場における外国人投資家の売買シェアは７割にもおよびます（115ページ）。彼らがそのような考えで、いっせいに日本株を売ったり買ったりすると、為替相場が大きく動く可能性があります。ただし、実際には後述するように「円高なら業績悪化で日

本株は売り」と考えて行動する外国人投資家も多数います（→Ｐ96）。また、為替ヘッジをかけて日本株に投資しているかどうか、ドルベースやユーロベースで日経平均株価をみた場合の株価予想（たとえば上昇が見込まれると日本株が買われ、円高要因になる）なども影響してきます。

▶ 円高は輸出型企業株にマイナス、内需型企業株にプラス

為替相場と日本株の連動性についてもう少し説明します。1つはっきりしているのは、日本は基本的に貿易黒字国で輸出関連企業が多いため、「円高」が株価全体に及ぼす影響が大きいということです。

34ページで、輸出型企業は円高になると業績が悪化すると説明しましたが、たとえば1円円高になると、トヨタは400億円、ホンダは140億円の営業利益が為替差損で消えてなくなるとされます。

したがって、円高になると輸出関連企業の株が売られやすくなり、

円高→輸出関連企業の株価下落→日本株全体にマイナスの影響

という連鎖を招きやすくなります。

実際、世界的な景気減速に陥った2008年度後半は、海外からの受注急減と円高で輸出関連企業は大きなダメージを受けました。

このときＴＯＰＩＸは、2008年6月〜2009年3月にかけて1400ポイント台から700ポイント割れまで下がっています。「円高にともなう負の連鎖」が起きたといえるでしょう。

円高は外需依存の企業にとっては厳しい経営環境ですが、一方で、

日本の株式市場の株式売買金額シェア

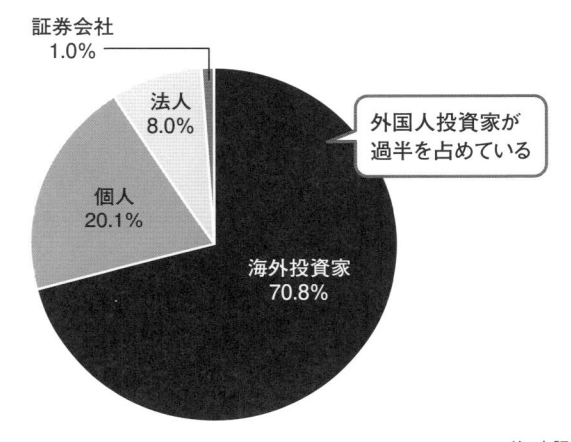

証券会社
1.0%

法人
8.0%

個人
20.1%

外国人投資家が
過半を占めている

海外投資家
70.8%

注：東証第一部
出典：東京証券取引所「投資部門別株式売買状況」2017年12月（12月4日～12月29日）

内需完結型の企業にとっては輸入製品・原材料の価格が下がるため、ありがたい状況といえます。

　たとえば、円高の影響を受けた2009年3月期決算をみても、電力10社や東京ガスなどは輸入コストの減少が収益を押し上げたため、業績は好調でした。

　また、家具・インテリア販売の最大手ニトリ（東証1部）は、アジアからの輸入比率が高く、ドル／円レートが1円円高になるだけでも営業利益が17億円増えるといわれています。

　一方、靴小売専門店を展開するエービーシー・マート（東証1部）は、海外生産を行う自社商品の仕入れ決済通貨の大半がドルなので、円高・ドル安は仕入れコストの抑制につながります。

　このように**円高になると、商品や原材料を海外から安く仕入れられることから業績が良くなり、株価が上がる企業もあるのです。**

ドル相場が下落すると金相場は上昇する

安全資産の金は、通貨の信用が低下したときの逃避先になる。ドル安になると金価格が上昇、ドル高になると金価格が下落する。

▶ 実物資産の金の価値が上昇している

ドルが世界に通用する通貨であるように、金は「**世界に通用する実物資産**（モノとしての資産）」です。各国の市場で公正に価格が決められていて、世界中いつでもどこでも誰でも、必要なときにその日の相場で現金に換えられるのが金の魅力です。

この金も毎日頻繁に売り買いが行われていて、金の価格は為替相場と同じように毎日変わります。

金の国際価格は、１トロイオンス（約31.1グラム）あたり何ドルかで表示されます。

1980年１月に１トロイオンス＝850ドルをつけた後、1999年７月に253ドルの最安値をつけるまで、長期にわたって下げ続けました。

その後、2001年に米国でITバブルが崩壊し、同年、米国同時多発テロが起きてから金相場は上昇に転じます。

そもそも金自体が価値のある実物資産なので、株式や債券などのように発行した企業が倒産して紙クズになってしまう「信用リスク」がありません。

つまり、**いかなるときも金の価値がゼロになることはないので、政治や経済が不安定な時代になると、金を買う人が増えて価格が上がります。**

　さらに、現物の金のみで運用する投資信託「金ＥＴＦ（上場投資信託）」の登場や、中国やインドなどの新興国が経済成長をして金の需要が増えたこともあり、2008年初にはそれまで最高値だった1980年の1トロイオンス＝850ドルを更新しました。

　その後も、米大手投資銀行、リーマン・ブラザーズの経営破綻に端を発した世界的な金融危機や、ギリシャの財政不安が招いた欧州債務危機などを背景に、金価格は上昇を続けます。

　そして、米国経済は2011年に入って大失速し、8月には米国連邦準備制度理事会（ＦＲＢ）が「異例の低金利政策」を2013年半ばまで継続することを発表。また、大手格付会社Ｓ＆Ｐが米国国債の格下げを発表したことでドル不安が一気に高まり、いっそう金を買う動きが強まりました。

　その結果、国際金価格は2011年9月6日に1オンス＝1923ドルの史上最高値をつけました。国内金価格も2013年2月に33年ぶりに1グラム＝5000円を突破する高値を記録しています。

▶ 金相場の上昇はドルへの不安が影響している

　このように、金相場の上昇は「**ドルへの不安**」が強く影響しています。

　ドル相場と金相場は、一般に以下のような逆相関関係にあります。

> ・ドル安→金価格上昇
> ・ドル高→金価格下落

金価格とドル実効為替レートは反対の動きをする

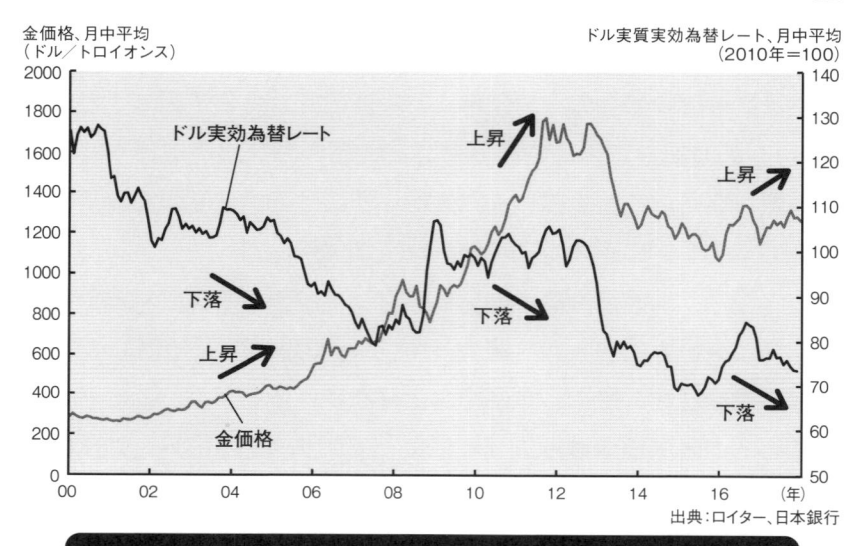

金価格、月中平均
（ドル／トロイオンス）

ドル実質実効為替レート、月中平均
（2010年＝100）

出典：ロイター、日本銀行

ドル安になると金価格が上昇し、ドル高になると金価格が下落する

　上の図は、為替市場全体におけるドルの強弱がわかる「ドル実効為替レート」（物価で調節した実質ベース）と金相場を比較したものです。

　ドル実効為替レートとは、ドル／ユーロ、ドル／円など、ドルのいくつかの対主要通貨レートをまとめて指数化したもので、数値が大きいほどドルが強いことを意味します。グラフをみると、前述したような逆相関関係にあることがわかります。

　金の日本国内での価格は、国際価格（ドル建て）を1グラムあたりで円換算し、それに販売会社のコストを上乗せして決まります。

　つまり金価格はドル建てなので、日本の国内価格は円高・ドル安になると下がり、円安・ドル高になると上がる傾向があります。金を買うなら円高のとき、売るなら円安のときがチャンスですね。

投資マネーが為替相場を
動かしている

外国為替市場で取引を行う人は実需筋と資本筋に分かれ、8割を
占める資本筋が市場で圧倒的な影響力をもつ。

▶ 実需筋と資本筋の違いとは？

　外国為替市場の舞台には、「実需筋」と「資本筋」という2つの
タイプの人が登場します。

①実需筋

　先に説明した貿易取引に代表される実物経済の活動をするために
必要な外国為替取引を行う人たちです。輸出入を行う貿易会社、海
外でビジネスを展開しているグローバル企業、海外旅行のために日
本円を外貨に交換する私たち個人も実需筋に入ります。

②資本筋

　経済活動に関係なく、為替差益を得るためだけに短期的に外国為
替取引を行うことを「投機」といい、そうした運用を行う人たちが
「資本筋」です。銀行、保険会社、ヘッジファンドなどです。

　最近人気の「ＦＸ（外国為替証拠金取引）」は、個人でも手軽に
通貨の売買を行える商品ですが、このＦＸ投資家も資本筋です。

　「投機」という言葉には怪しげなイメージがつきまとうため、通常
はヘッジファンドなど一部の投資家についてのみ「投機筋」という
言葉が使われますが、銀行や保険会社などの機関投資家（→Ｐ

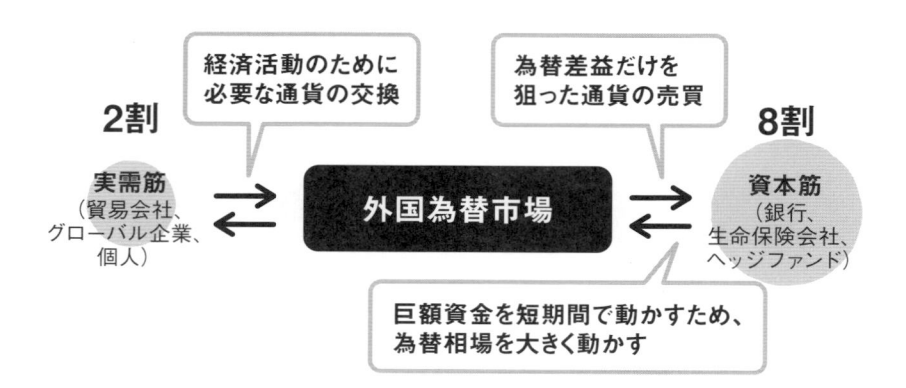

実需筋と資本筋の資金流入量

2割

経済活動のために
必要な通貨の交換

為替差益だけを
狙った通貨の売買

8割

実需筋
（貿易会社、
グローバル企業、
個人）

外国為替市場

資本筋
（銀行、
生命保険会社、
ヘッジファンド）

巨額資金を短期間で動かすため、
為替相場を大きく動かす

137）は資本筋の中心的存在で、マーケットで行っていることは「投機筋」と基本的には同じです。銀行は顧客の注文を取り次ぐのはもちろん、自己勘定（銀行自身の資金）で外国為替取引を行って資金運用をしているのです。

　銀行では外国為替取引を専門に行う「**為替ディーラー**」が外国為替市場で毎日、億単位のお金を動かしています。

▶ 為替差益を狙って短期的に巨額資金を動かす

　外国為替市場には、投資マネーが大量に流れ込んできます。**実需筋と資本筋の資金流入量の割合は2対8**といわれており、投資マネーが圧倒的に大きな影響力をもっているのです。

　資本筋は、為替差益のみを求めて巨額資金を短期的にある通貨から別の通貨へと移動させるため、為替相場を動かす大きな要因となっています。為替相場が短時間に大きく動くことがあるのは、目先のニュースに資本筋が素早く反応し、頻繁に通貨の売買を繰り返しているからにほかなりません。

中国経済と人民元が抱える問題とは？

米国の要求で通貨、人民元を切り上げた中国。GDP世界2位、
外貨準備世界1位となった今、変動相場制への移行を迫られている。

▶ 高い経済成長を背景に人民元が切り上がっている

　日本は1957〜1972年度の高度経済成長期にGDP成長率が
平均9.5％と飛躍的に伸びた結果、円の価値が上がり、1973年に
変動相場制に移行しました。そのころの日本と同じような状況だと
いわれているのが、近年、高いGDP成長率を維持している中国で
す（次ページの図）。

　中国はかつて、人民元の為替レートを1ドル＝8.28元とする固
定相場制でした。このようにドルと自国通貨をリンクさせ、為替レ
ートを固定させることを「**ドルペッグ制**」といいます。

　その後、2005年7月21日に市場介入によって変動幅を一定範
囲内に抑える「**管理変動相場制**」に移行。それまでよりも約2％切
り上げた1ドル＝8.11元を当初の基準値とし、変動幅をそのレー
トの上下0.3％内に抑えるシステムになりました。新しい基準値は
毎日、中央銀行である中国人民銀行から公表されます。

　同時に、ドルやユーロなど主要通貨の「**通貨バスケット**」も参考
指標として導入しています。通貨バスケットとは、複数の主要通貨

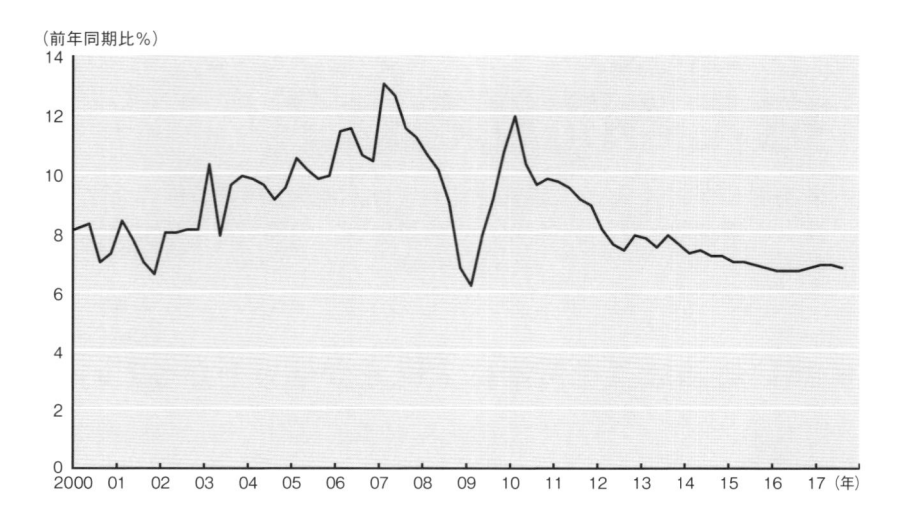

中国の実質GDP成長率の推移

（前年同期比％）

で構成するバスケット（カゴ）から算出したレートに自国通貨を連動させるシステムのこと。中国は貿易など自国との関係の深さに応じて各通貨の比重を決めてバスケットをつくっています。

　ドルなど単一通貨に連動させるよりも為替相場は安定するといわれていますが、中国は通貨バスケット制を参考にしている程度で、完全に移行したわけではありません。

　その後、対米ドル相場の1日の変動幅を、2007年5月に0.5％に、2012年4月に1％に、さらに2014年3月に2％に拡大しています。

▶ 人民元が変動相場制になる日は近い

　中国が人民元の切り上げに踏み切ったのは、対中貿易で膨大な赤字を抱えている米国が切り上げを強く望んだからです。

　米国の貿易相手国の中でも対中国の貿易赤字額は最大で、2016

年の米国の貿易赤字額7343億ドルのうち、対中国は47%を占める3470億ドルに上ります。ちなみに、対日赤字額は689億ドルで、中国の5分の1程度です。

経済力をつけた中国が、元安・ドル高を強みに安い中国製品をどんどん米国に輸出しているため、かつての日米のように貿易摩擦が起きているのです。

中国は、すでにGDPが世界第2位、外貨準備高では世界1位（2017年11月末で約3兆1192億ドル）になっています。固定相場制は発展途上国の経済活動をサポートする制度ですから、ある程度の経済力をつけると変動相場制へ移行することを世界各国から促されます。

中国も経済力に見合った為替レートにするためには、他の先進国と同じように変動相場制に移行することが必要です。

将来は段階的に人民元の切り上げ的な相場誘導が行われ、いずれは完全な変動相場制に移行すると思われます。

▶ 減り続ける外貨準備がリスクに

ただし当面は、変動相場制への移行は、人民元の急落を招きかねないため難しい状況といわれています。中国経済の減速や人民元安見通しを背景に中国から資本流出（自国のお金が他国に流れていくこと）が起こりやすいことや、米国の利上げが継続的に行われる見通しであることから、為替を自由化すると人民元安が加速しかねないからです。したがって、大幅な人民元安を回避するため、中国当局はしばらくは慎重な姿勢を崩さないと考えられます。

また、2015年半ば以降に進んだ人民元安・ドル高を抑えるため、

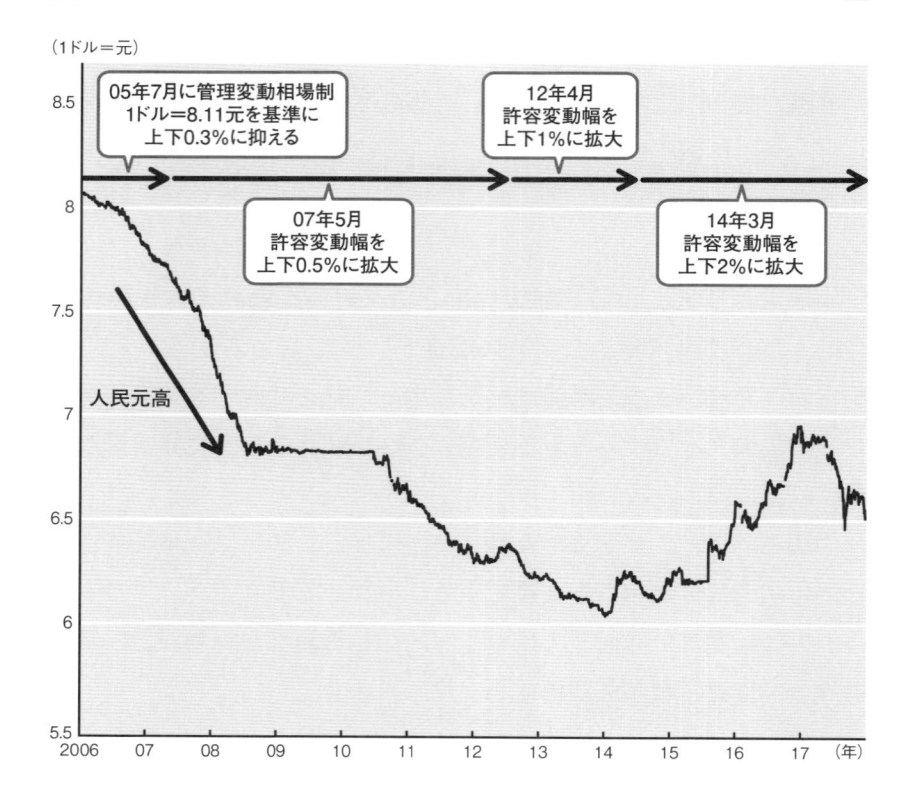

中国の通貨制度の移行と人民元相場

（1ドル＝元）

05年7月に管理変動相場制
1ドル＝8.11元を基準に
上下0.3%に抑える

12年4月
許容変動幅を
上下1%に拡大

07年5月
許容変動幅を
上下0.5%に拡大

14年3月
許容変動幅を
上下2%に拡大

人民元高

2006　07　08　09　10　11　12　13　14　15　16　17　（年）

中国当局は市場介入（ドルを売って人民元を買う取引）を継続的に
実施してきましたが、その資金源である外貨準備高の大幅な減少も
リスクになっています。

　中国の外貨準備高は2016年末で約3兆297億ドルと、2014
年6月につけたピークの約3兆9932億ドルから約1兆ドルも減少。
そのまま外貨準備高が減少を続け、3兆ドルを割り込むと、適正水
準を下回る可能性も指摘されていましたが、その後は資本規制など
の効果で外貨準備高は徐々に増加しています。

企業は為替予約で
リスクヘッジする

輸出入企業は為替変動リスクを抱えているため、銀行と為替予約の
締結をして先物レートを決め、円での受取額、支払額を確定させる。

▶ 先物レートで円ベースの受払額を確定する

　貿易取引は、一般に契約から代金の受払いまで数カ月かかりますから、為替相場の変動によって収益が大きく変わってくるというリスクがあります。

　そこで、多くの輸出入企業では、「**為替予約（先物為替予約）**」を利用して、為替変動のリスクをヘッジ（回避）しています。為替予約の取引をする相手は銀行です。

　為替予約とは、３カ月後、６カ月後など一定期間後に、あらかじめ決められた為替レートで外貨の売買を行う取引のことです。

　通常の為替レートを「**直物レート（スポット・レート）**」というのに対し、為替予約のレートを「**先物レート（フォワード・レート）**」といいます。

　為替予約（ドルを売買する場合）には、「ドル買い為替予約」と「ドル売り為替予約」があります。

①ドル買い為替予約

　次ページの図のように、輸入企業が数カ月後に支払うドルは、円に換算するといくらになるかを決めるときに利用します。ドルの支

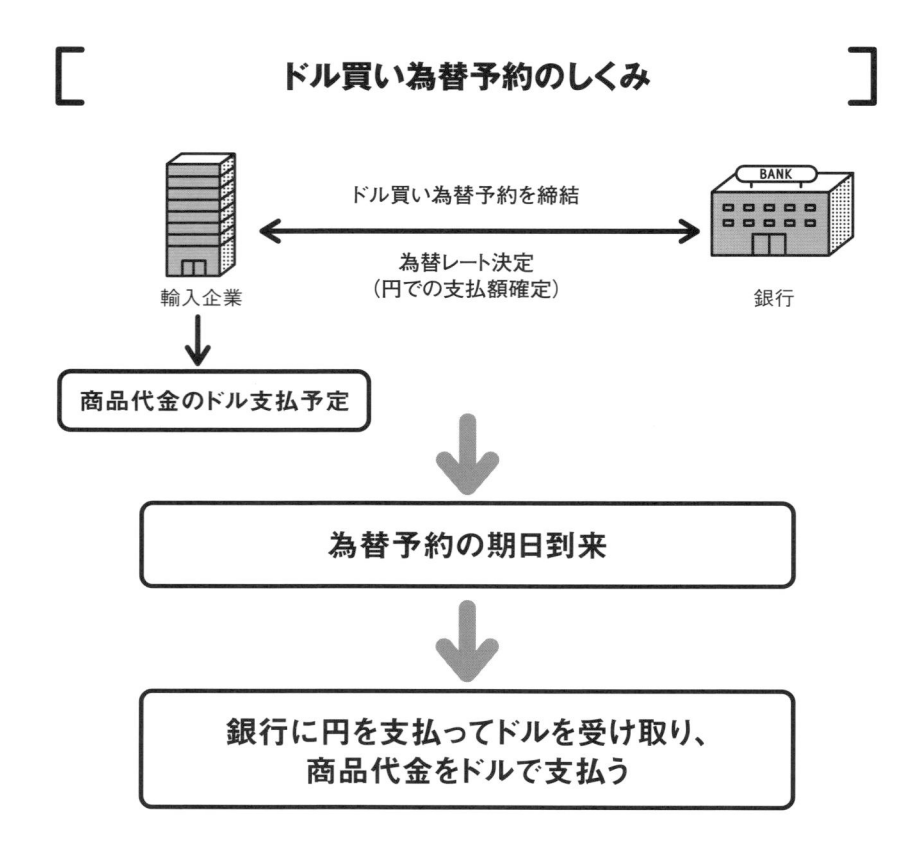

ドル買い為替予約のしくみ

ドル買い為替予約を締結

為替レート決定
（円での支払額確定）

輸入企業　　　　　　　　　　　　　　　銀行

商品代金のドル支払予定

為替予約の期日到来

銀行に円を支払ってドルを受け取り、
商品代金をドルで支払う

払日に合わせてドル買い為替予約をして円ベースの支払額を確定させておき、為替変動のリスクを回避します。

②**ドル売り為替予約**

　次ページの図のように、輸出企業が数カ月後に受け取るドルは、円に換算するといくらかを決めるときに利用します。ドルの受取日に合わせてドル売り為替予約をして円ベースの受取額を確定させておき、為替変動のリスクを回避します。

　ただし、企業がいったん銀行と為替予約の契約を結んだら、一定期間後の為替相場がどうなっていても、原則として契約した先物レ

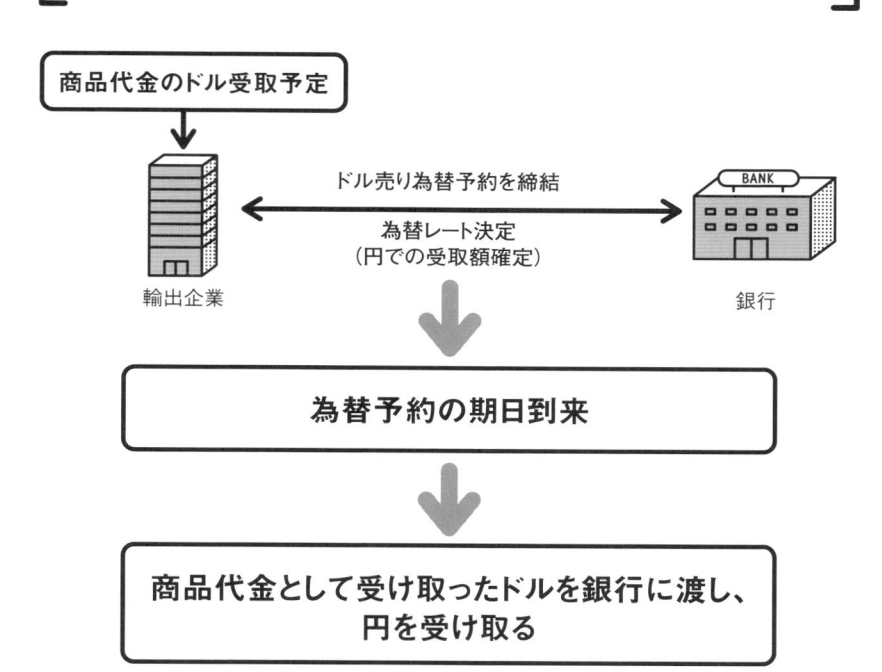

ドル売り為替予約のしくみ

商品代金のドル受取予定

ドル売り為替予約を締結
為替レート決定
（円での受取額確定）

輸出企業　　　　　　　　　　　　　　　銀行

為替予約の期日到来

商品代金として受け取ったドルを銀行に渡し、
円を受け取る

ートで取引しなければなりません。為替相場の動きによっては、為替予約をしなかったほうが得だったケースも当然出てきます。

　それでもあえて為替予約を利用するのは、為替変動リスクを極力抑えることで、事業計画が立てやすくなったり、資金繰りを安定させるほうが重要だと考えるからです。

▶ 具体的なリスクヘッジの効果

　では、為替予約を使って為替変動リスクをヘッジする方法について、日本の輸出企業を例に具体的に説明します。

　輸出企業A社は6月1日に米国のB社に製品を納め、3カ月後の

9月1日にその代金として100万ドルを受け取ると仮定します。

　6月1日現在のドル／円レートは1ドル＝100円。その時点ですぐに100万ドルが手に入れば、円の収入は以下のようになります。

1ドルあたり100円×100万ドル＝1億円

　しかし、為替相場は円高傾向にあり、3カ月後には1ドル＝90円になると予想。そうなると、円の受取額は、

1ドルあたり90円×100万ドル＝9000万円

に減り、1000万円も損します。

　そこでA社は、為替予約でリスクヘッジすることにしました。

　B社に製品を納めた6月1日、A社は9月1日を受渡日とする100万ドルの「ドル売り為替予約」を、銀行が提示する先物レート1ドル＝95円で契約。これでA社は安心です。9月1日にどんなに円高になろうと、A社は100万ドルを1ドル＝95円で換金できるようになり、以下の金額を受け取ることができます。

1ドルあたり95円×100万ドル＝9500万円

　そして9月1日、為替相場は予想どおり円高が進み1ドル＝90円になりました。為替予約をしなかった場合の円の受取額は9000万円なので、A社は以下の損失を防ぐことができました。

9500万円－9000万円＝500万円

米国ドルのパワーは
今後どうなる？

米国は貿易赤字・財政赤字の「双子の赤字」を抱え、強いドル
の地位が揺らぐ可能性がある。

▶ 米国政府が政策としてドル高を推進してきた

　ドルが基軸通貨として世界ナンバーワンの実力をもつ背景には、米国政府がドル高を国の政策として掲げていることがあります。

　クリントン大統領時代、1995年に就任したルービン財務長官は為替相場を「ドル高」に保つ政策、**「強いドル政策」**を打ち出しました。その後も、歴代の米国財務長官は**「強いドルは国益（ドル高は米国にとって利益になる）」**という声明を繰り返しました。

　なぜ米国にとって「強いドルは国益」なのでしょうか。

　まず米国経済は内需（国内での消費）中心で、旺盛な個人消費が米国経済を支えています。そして、製品の多くは海外からの輸入に頼っています。

　強いドル（ドル高）であれば、輸入品を安く仕入れることができるので、商品の販売価格も下がってよく売れます。また、輸入品の値下げにともなって、国民生活全般にかかわる物価も抑えられます。強いドル政策は、米国民に大きな利益をもたらしているのです。

　その結果、米国の輸入量はどんどん増え続け、膨大な**「貿易赤字」**

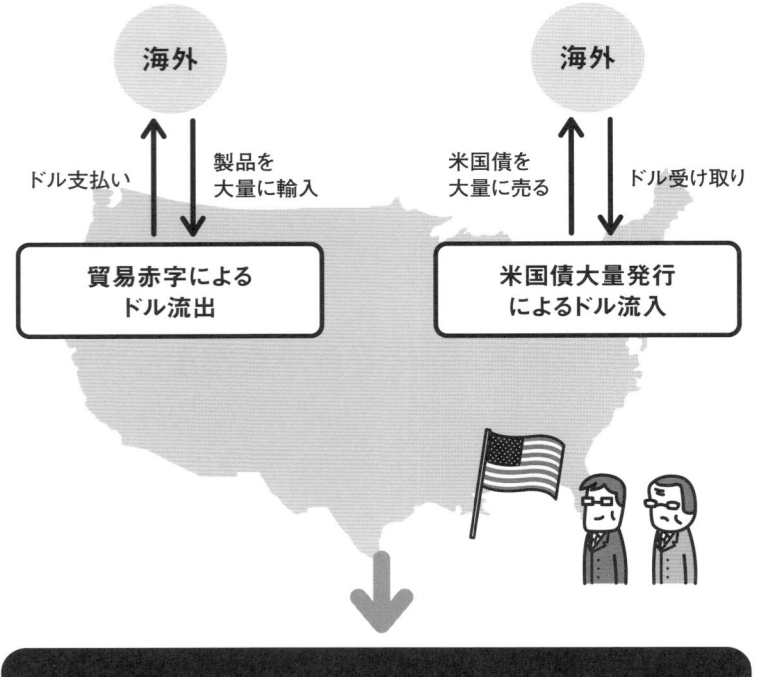

なぜ米国は貿易赤字でも大丈夫なのか？

海外 　　　　　　　　　海外

ドル支払い　製品を　　　米国債を　　ドル受け取り
　　　　　大量に輸入　大量に売る

貿易赤字による　　　　米国債大量発行
ドル流出　　　　　　によるドル流入

貿易赤字によるドル流出を、
米国債の大量販売によるドル流入で埋めている

を抱えることになりました。

　貿易赤字になれば、米国内のドルがどんどん海外に流出すること
になりますが、ドル高が続く（ドルの価値があまり減らない）とい
う安心感から米国外の投資家が**米国債**（米国政府が発行する債券、
いわば借金）を大量に買ってくれるので、その代金のドルが米国に
流入して貿易赤字の穴を埋めて国際収支が安定する構造になってい
るのです（上の図）。

米国は貿易赤字に加え、国家の収入を支出が上回るという「**財政赤字**」も抱えています。収入の足りない分は、米国債を発行して内外の投資家からお金を借りているのです。

　貿易赤字と財政赤字の2つの赤字を指して「**双子の赤字**」と呼びます。

　双子の赤字を抱えながらも、海外からお金を借りて米国が繁栄を続けられるのは、ドルが基軸通貨であり、強いドル政策が続いているおかげなのです。

▶ 強いドルは世界経済にとっても好都合だが……

　日本政府は、基本的に米国のドルが基軸通貨となっている体制を支持しており、外国との決済通貨にはドルを使っています。

　日本経済は米国への輸出依存度が高く、ドルが強ければ（円が安ければ）輸出に有利なので、輸出企業の収益を増やし、ひいては日本経済にもプラスになるからです。日米安全保障条約を背景とした日米同盟重視の姿勢も理由の1つです。

　これまで日本や中国など多くの国は、米国への輸出に頼って経済を発展させてきました。だからこそ、米国の双子の赤字問題には目をつむり、基軸通貨である強いドルをサポートしてきたのです。

　しかし、もし米国が強いドル政策を放棄して急激なドル安が進めば、米国では輸入製品の価格が上がり、それにともなって物価全体が押し上げられますから、米国民はこれまでのようなペースでモノを買わなくなります。

　さらに、ドル安によって米国債の魅力が薄れ、投資家が米国債を

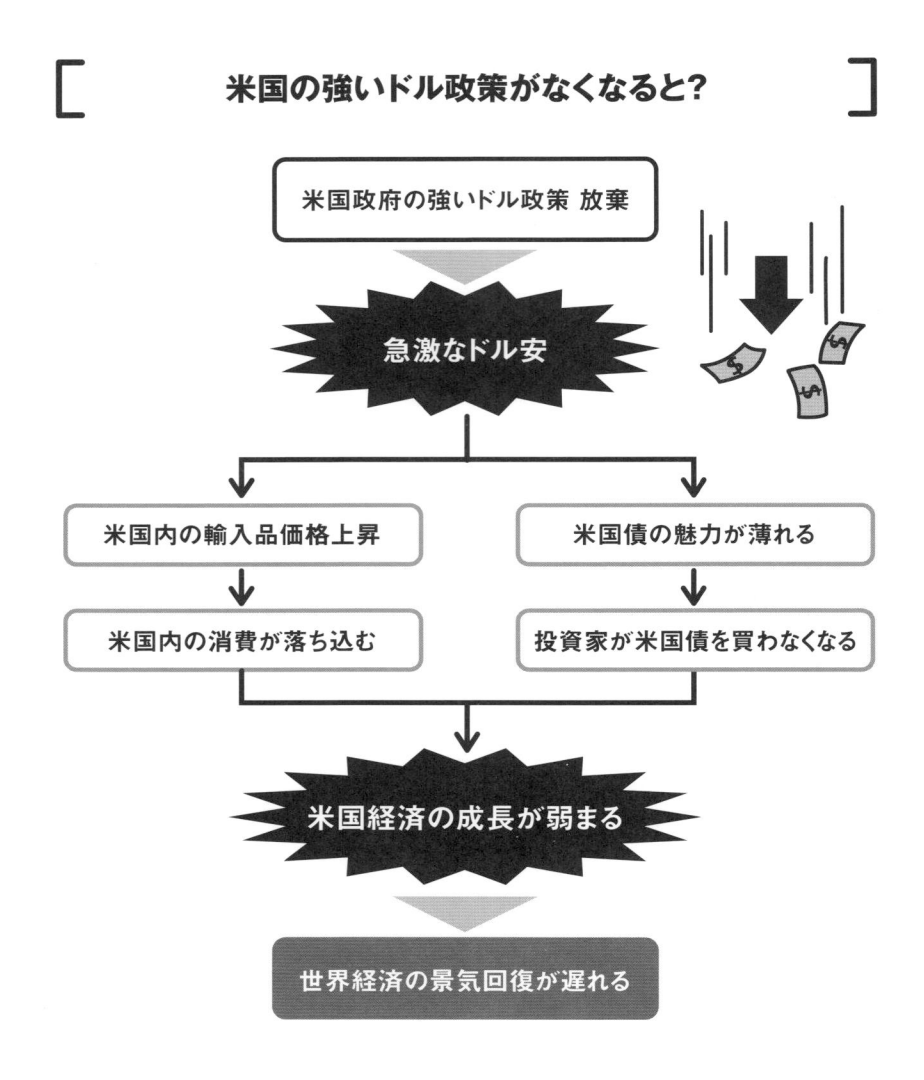

米国の強いドル政策がなくなると?

米国政府の強いドル政策 放棄

↓

急激なドル安

↓

| 米国内の輸入品価格上昇 | 米国債の魅力が薄れる |
| 米国内の消費が落ち込む | 投資家が米国債を買わなくなる |

↓

米国経済の成長が弱まる

↓

世界経済の景気回復が遅れる

買わなくなり、米国政府の資金調達が円滑に進まなくなります。

　こうなると、米国にとどまらず、世界の経済全体が混乱します。

　また、世界のさまざまな取引の決済通貨に使われてきたドルの価値が急落することで、貿易決済や資本取引に大きな支障が出て、世界の経済・金融活動にダメージを与えるおそれがあります。

Part 5

外国為替相場を動かすプレーヤーたち

外国為替市場の規模と主要通貨の取引量をみてみる

最も取引される通貨ペアはユーロ／ドルで、取引の主要通貨はドル、ユーロ、円、ポンドの4つ。ロンドン市場の取引量が最も大きい。

▶ 年々増え続ける世界の外国為替取引

　外国為替相場を動かす人たちを紹介する前に、彼らの舞台となる外国為替市場の規模や主要通貨の取引量を説明します。

　金融市場の中で、外国為替市場は世界一の規模を誇るマーケットですが、その取引量は近年、一段と拡大しています。右上の図のように、2016年には1日平均約6.5兆ドルものお金が売り買いされましたが、この金額は2004年（約2.6兆ドル）頃から飛躍的に増えています。

　世界中でやりとりされるお金がこれだけ増えたというのは驚きですが、その背景にあるのが中国やインドなど新興国の著しい経済成長です。これらの国が発展したことで、ドルやユーロ、円といった主要通貨以外の通貨による取引が活発になってきたのです。

　では実際に、どんな通貨がどれくらいの量、取引されているのかをみてみましょう。右下の図は、**通貨ペア**（ドル／円など2つの通貨の組み合わせ）別の1日の平均取引量を示したものです。

　これによると、ユーロ／ドルが不動の1位でシェアは23.1％、2位ドル／円のシェアは17.8％です。ユーロ／ドル、ドル／円、

外国為替市場の1日の平均取引量

（取引量＝10億ドル、シェア＝%）

順位	各国市場	2010		2013		2016	
		取引量	シェア	取引量	シェア	取引量	シェア
1	ロンドン	1,854	36.7	2,726	40.8	2,406	36.9
2	ニューヨーク	904	17.9	1,263	18.9	1,272	19.5
3	シンガポール	266	5.3	383	5.7	517	7.9
4	香港	238	4.7	275	4.1	437	6.7
5	東京	312	6.2	374	5.6	399	6.1
6	パリ	152	3.0	190	2.8	181	2.8
7	チューリッヒ	249	4.9	216	3.2	156	2.4
8	シドニー	192	3.8	182	2.7	121	1.9
	上記以外	878	17.5	1,077	16.2	1,025	15.8
	合計	5,045		6,686		6,514	

※各年4月の1日平均　　出典：BIS

外国為替市場の通貨ペア別取引シェア

（取引量＝10億ドル、シェア＝%）

順位	各国市場	2010		2013		2016	
		取引量	シェア	取引量	シェア	取引量	シェア
1	ユーロ／ドル	1,099	27.7	1,292	24.1	1,172	23.1
2	ドル／円	567	14.3	980	18.3	901	17.8
3	ポンド／ドル	360	9.1	473	8.8	470	9.3
4	豪ドル／ドル	248	6.3	364	6.8	262	5.2
5	カナダドル／ドル	182	4.6	200	3.7	218	4.3
6	人民元／ドル	31	0.8	113	2.1	192	3.8
	その他（対ドル合計）	885	22.2	1241	23.1	1220.6	24.1
	その他（対ユーロ合計）	454	11.4	500	9.3	419	8.4
	上記以外	149	3.8	197	3.8	211	4.2
	合計	3,973		5,357		5,067	

※各年4月の1日平均　　出典：BIS

ポンド／ドルの３通貨ペアで、2010年が51.1%、2013年が51.2%、2016年が50.2%と圧倒的なシェアを誇っています。取引の主要通貨は、ドル、ユーロ、円、ポンドの４通貨なのです。

▶ 取引量が最も多いのはロンドン市場

　各国の外国為替市場の取引量もみておきましょう。2016年の１位がロンドン市場、２位がニューヨーク市場、３位がシンガポール市場、４位が香港市場、５位が東京市場となっています。

　「えっ、あの有名なウォール街のあるニューヨークが１位じゃないの？」と思った人も多いのではないでしょうか。そう、外国為替の世界では、ニューヨークではなく、ロンドン市場の取引量がダントツに多いのです。

　ロンドンには、ウォール街と並ぶ世界の金融の中心地、「シティ・オブ・ロンドン（シティ）」があります。また、ロンドン市場ではアジア通貨やアフリカ通貨、東欧通貨、中近東通貨なども多く取引されていることが１位の理由です。

▶ 東京市場はなぜ5位なのか

　東京市場はどうかというと、2013年の調査までは３〜４位を保っていました。ところが2016年には、その座をシンガポール市場と香港市場に奪われています。

　シンガポールと香港の取引量が増えたのは、国際化の推進により取引高が急拡大した人民元の取引を取り込んだことや、アジア諸国の経済成長に伴い、自国通貨やアジア通貨の取引量が増大したことなどが要因です。シェアもシンガポールは2013年5.7%から2016年7.9%に、香港は同4.1%から6.7%に拡大しています。

為替相場に巨大な影響力をもつ機関投資家

銀行、生損保、投資信託、ヘッジファンド、年金基金など大量の資金を保有する機関投資家が外国為替市場で通貨を売買している。

▶ 世界中の銀行が収益獲得にしのぎを削っている

外国為替市場では、さまざまな企業や人が、それぞれの目的で通貨の売り買いを繰り広げています。なかでもビッグプレーヤーは、お金の運用を専門に行う企業や団体である「**機関投資家**」です。

具体的には**銀行、生命・損害保険会社、投資信託、ヘッジファンド、年金基金**（年金資金の運用団体）などです。

まず銀行は、輸出入企業や個人の為替取引を取り次いだり、その銀行の**為替ディーラー**が自行のお金で為替差益を狙って積極的に通貨を売り買いしています。外国為替市場は、世界中の銀行が収益獲得にしのぎを削る戦いの場となっているのです。

▶ 巨額資金をもつ保険会社、年金基金の影響力は大きい

保険会社や年金基金は、顧客から預かった保険料や掛金の運用を行っています。一般にこれらの商品は満期（事前に定められた期間満了日）までの期間が長いので、長期で安定的にお金を増やすことを目指し、複数国の株式や債券などに幅広く投資する「**国際分散投**

137

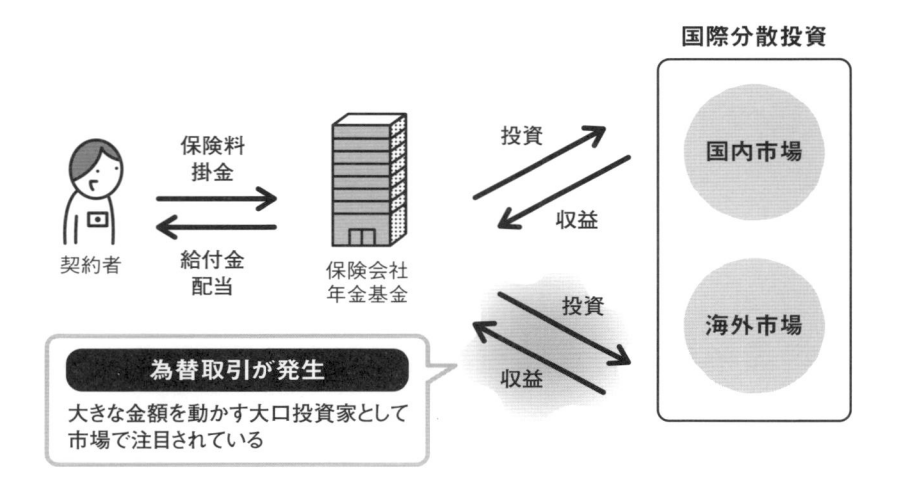

保険会社、年金基金の国際分散投資

国際分散投資

投資
収益

国内市場

投資
収益

海外市場

保険料
掛金

保険会社
年金基金

契約者

給付金
配当

為替取引が発生
大きな金額を動かす大口投資家として
市場で注目されている

資（グローバル・アセットアロケーション）」を行っています。

国際分散投資のメリットは、いくつかの国に分散して投資すれば、1つの投資先がダメになっても、損失を小さく抑えられることです。保険会社や年金基金は扱う金額が大きいだけに、外国為替相場に一定の影響力をもっています。

株式、債券、不動産などさまざまな資産を運用する投資信託も、保険会社や年金基金と並んで為替相場に大きな影響力をもちます。

たとえば、米ドル債券に投資する投資信託の運用が新たに始まるようなとき、大量のドル買いが生じ、円安・ドル高になることもあります。逆に、この投資信託の解約が多くなると、外貨を円に交換する需要が増えるため、円高の要因となります。

また、国際金融市場でよく話題になるヘッジファンド（→P144）も、大きな影響力をもつ投資家です。

当局の市場介入が為替相場を動かす

急激な通貨安、通貨高は自国経済に悪影響を及ぼすおそれがあるため、通貨当局は為替市場に大量の資金を投入して相場を操作する。

▶ 通貨当局が通貨を売買して相場をコントロール

外国為替市場では機関投資家たちが収益獲得にしのぎを削っていますが、彼らの好き放題にやらせていては市場が乱れてしまうことがあります。そこで登場するのが、監視役の各国の政府および「**中央銀行**」です。

中央銀行とは、通貨を発行し、国の金融政策を行う銀行です。日本は**日本銀行（日銀）**、米国は**連邦準備制度理事会（ＦＲＢ）**、英国は**イングランド銀行（ＢＯＥ）**、ユーロ圏は**欧州中央銀行（ＥＣＢ）**になります。多くの国の中央銀行では、自国通貨の為替相場を安定させ、経済活動に大きな支障をきたさないようにするという重要な役割を担っています。

本来、変動相場制の為替レートは自由な取引のなかで決まるものです。しかし、急激な自国通貨高や自国通貨安が起きて、経済に悪影響を及ぼす可能性があるときは、政府・中央銀行が「**市場介入（外国為替平衡操作）**」という方法を使って為替相場を安定させます。

たとえば、日本の場合、急激な円高は輸出型企業にダメージを与え、日本経済のパワーを衰えさせる可能性があります。逆に急激な

円安は輸入品の値段を上げ、インフレを引き起こしかねません。

　そこで、**財務大臣**が円高もしくは円安に行き過ぎたと判断したときは、日銀に指示して外国為替市場に介入させ、通貨を売買して為替相場をコントロールします（右の図）。

①急激な円高の場合

　日銀が外国為替市場で「円売り・ドル買い」を行います。円よりもドルの需要が増え、ドル／円相場は円安・ドル高に向かいます。

②急激な円安の場合

　日銀が外国為替市場で「円買い・ドル売り」を行います。ドルよりも円の需要が増え、ドル／円相場は円高・ドル安に向かいます。

▶ 介入資金はどこから出される？

　たとえば、円高・ドル安傾向が強くなると、ほとんどの投資家がドル売りに走ります。そうしたなか、日銀が円売り・ドル買いによって円安・ドル高に向かわせるには、そのドル売りの勢いを上回るほどの買い付け金、つまり多額の介入資金が必要になるはずです。

　では、市場介入に使う資金はどこから出ているのでしょうか。

①円売り・外貨買い介入の場合

　財務省が管轄する「外国為替資金特別会計」から出されます。上限額は、外国為替資金証券（為券）発行限度額である195兆円です（2017年度）。

②外貨売り・円買い介入の場合

　外貨準備高（1兆2612億4200万ドル、2017年11月末）から出されます。実際にいくら介入に使われたかは、財務省のホームページ「外国為替平衡操作の実施状況」でみることができます。これによると2011年12月以降、市場介入は実施されていません

日本銀行の市場介入

■ 急激な円高の場合

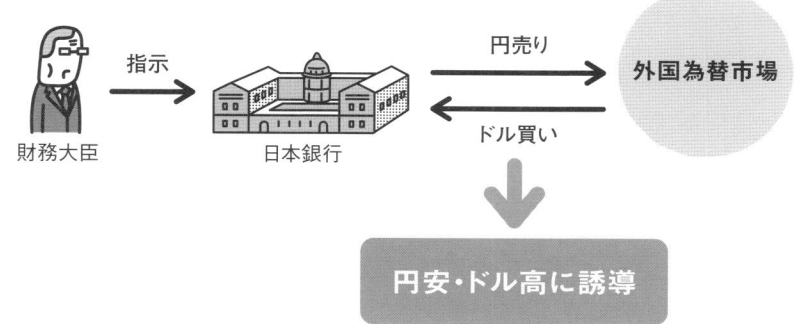

財務大臣 →指示→ 日本銀行 →円売り→ 外国為替市場
←ドル買い←

円安・ドル高に誘導

■ 急激な円安の場合

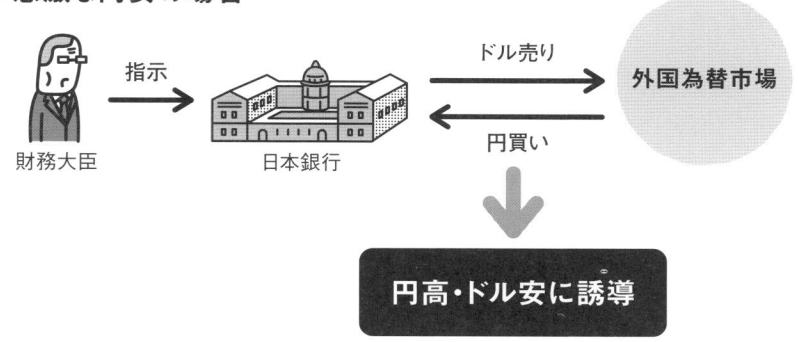

財務大臣 →指示→ 日本銀行 →ドル売り→ 外国為替市場
←円買い←

円高・ドル安に誘導

（2017年12月現在）。最後に実施されたのは2011年10月31日
〜11月4日で、31日に一時1ドル＝75円30銭台の史上最高値を
記録した円高・ドル安を止めるため、円売り・ドル買い介入が9兆
916億円を投入して5日間実施されています。

　日本経済は輸出に大きく頼っているため、円高になると政府は景
気が悪くなるのをおそれ、かつてはこのような円売り・ドル買い介
入を頻繁に行ってきました。

▶ 各国が共同で相場を動かす協調介入

　これまで説明してきた市場介入は、各国の政府・中央銀行が独自の判断で行う「**単独介入**」です。

　しかし、単独介入で効果がみられないと、各国の政府・中央銀行がお互いに連絡を取り合い、複数の中央銀行が同じタイミングで介入する「**協調介入**」が行われます。単独介入では為替相場に対する効果が期待できず、しかもその相場の状況が複数の国にとって不利益なときに実施されます。当然、協調介入のほうが、単独介入よりもコントロール力に優れます。

　最も有名なのは1985年の**プラザ合意**（→P70）**にもとづく協調介入**です。当時、先進5カ国（日米英独仏）は、高かったドルの価値を実態に合ったものにするため、ドル安に誘導することに合意し、いっせいにドル売り介入を行いました。

　また2000年9月には、ユーロの下落が世界経済に悪影響を与えていると考えて、日米欧は、ユーロの価値を上げるためにユーロ買いの協調介入を行いました。

▶ 介入をほのめかして相場を動かす口先介入

　以上は、どれも通貨を実際に売り買いして為替相場を操作する方法ですが、通貨当局の要人が「市場介入を検討している」などと実施をほのめかすだけで、相場の流れを変えることもあります。

　これを「**口先介入**」といい、実際の介入ほど効果はないものの、こうした要人発言が相場を動かすことも珍しくありません。

　たとえば、**G7（7カ国財務相・中央銀行総裁会議）の共同声明**で、為替相場に対する口先介入が行われることがあります。G7と

市場で注目されるG7の共同声明

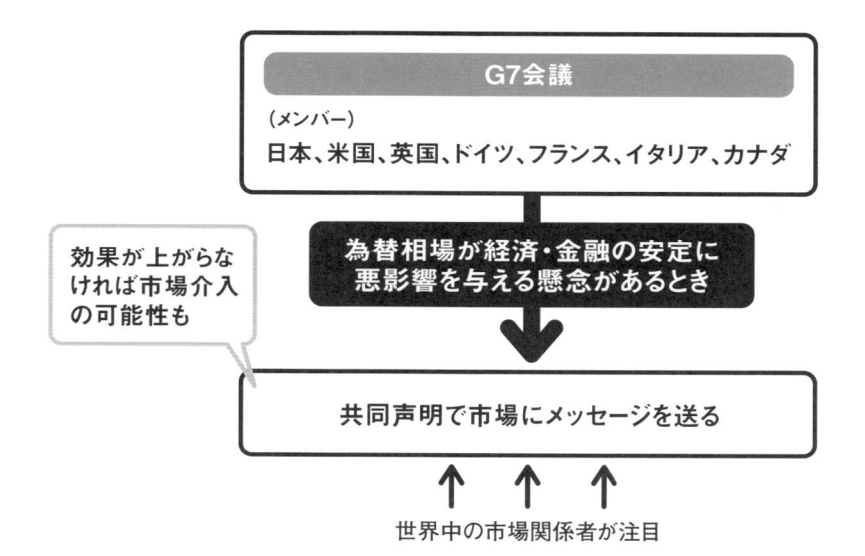

G7会議

（メンバー）
日本、米国、英国、ドイツ、フランス、イタリア、カナダ

為替相場が経済・金融の安定に
悪影響を与える懸念があるとき

効果が上がらな
ければ市場介入
の可能性も

共同声明で市場にメッセージを送る

世界中の市場関係者が注目

は、日米英独仏伊加の7カ国の財務相と中央銀行総裁が世界経済や金融政策、為替動向について話し合う国際会議です。

2008年10月27日発表のG7の共同声明中に、8〜10月にかけて起きた急激な円高・ドル安に配慮し、以下の内容がありました。

「最近の為替相場における円の過度の変動ならびにそれが経済および金融の安定に対して悪影響を与え得ることを懸念している」

「引き続き為替市場をよく注視し、適切に協力する」

これを受けて為替市場では市場介入に対する警戒感が強まり、円買い圧力は一時的に緩和されました。まさに鶴の一声ならぬ、“G7の一声”といったところです。

共同声明で効果が得られない場合は、G7の話し合いを踏まえ、相場を安定させるための協調介入が行われることもあります。

巨額の為替取引を行う
ヘッジファンド

積極的な売買を繰り返すヘッジファンドは、為替市場を混乱に陥れる投機家集団という見方もある。ポンド危機を引き起こしたジョージ・ソロスが有名。

▶ 絶対リターンを追求して高度な金融技術を駆使

　137ページで説明した機関投資家のなかでも、「**ヘッジファンド**」は投資家から資金を集めて為替や株式、商品などに積極的に投資し、莫大な利益を得ようとするファンドです。積極的な売買で為替相場に大きな影響を与えています。

　ヘッジファンドには次の3つの特徴があります。

①私募形式のファンド

　不特定多数の投資家からお金を集めて運用する一般の投資信託（**公募形式**という）とは異なり、資産家など特定の少人数からお金を集めて運用する投資信託（**私募形式**という）であること。

　私募形式なら、投資対象、運用方法、情報開示といった面で法の厳しいルールを免れることができますから、自由に運用できます。

②絶対リターンを狙う

　常に利益を上げる「**絶対リターン**」を追求するという点です。一般的な投資信託では通常、市場平均を上回る運用成績を目標にしています。しかし、これでは市場が下落した場合、運用成績がマイナ

スでも市場平均を下回るマイナスならOKということになってしまいます。

　ヘッジファンドでは、こうした市場全体が下落しているような局面においてもプラスの運用成績、つまり利益を出すことを目指すのです。そのために、高度な金融技術を駆使しています。

③成功報酬（インセンティブ・フィー）

　運用成績が良ければ運用者の報酬も上がるしくみをとっています。運用者の**インセンティブ（やる気）**を最大限に高めて、大きな収益を上げる狙いがあります。

▶ 英国ポンド危機を起こしたジョージ・ソロス

　ヘッジファンドは、**ジョージ・ソロス**という米国のハンガリー系の大投資家抜きでは語れません。

　1992年、ソロスが運用するヘッジファンド、クォンタム・ファンドが英国の「**ポンド危機**」を引き起こしたとされ、ジョージ・ソロスとヘッジファンドの名が世界中に知れ渡るようになりました。

　このポンド危機について説明しましょう。

　当時の英国は欧州連合の一員としてERM（欧州為替相場メカニズム）に参加していて、ポンドと他の参加国との為替レートを一定の枠内に収めなくてはなりませんでした。

　しかし、英国経済は低迷していたため、ソロスは「通貨価値を過大評価されたポンドは、いずれ大幅なポンド安にならざるをえない」と予測したのです。

　そして、ソロスは100億ドル相当のポンドを売りまくったのです。それに対抗するため、英国政府は1992年9月16日に政策金利（10

%）を午前中に12％、午後には15％と１日に２度も引き上げました。金利を引き上げることで投資家のポンド買いを誘ったのです。

　しかし、その甲斐なく、ポンドの下落を食い止めることはできませんでした。その結果、ポンドは約４割も下落し、ソロスはなんと20億ドルもの利益を得たといわれています。

　次のページで説明する1997年のアジア通貨危機も、こうしたヘッジファンドが仕掛けたといわれています。ヘッジファンドには常にネガティブなイメージがつきまとっていました。

　こうしたことから、ヘッジファンドを「市場を混乱に陥れる攻撃的な投機家集団」といったダーティな存在とする見方があります。

▶ 相場急変をもたらす!? アルゴリズム高速取引

　ただ、ヘッジファンドは近年、ボラティリティ（価格の変動度合い）やリターンの低下で苦境に陥っており、かつてのような勢いはありません。代わって、「高頻度取引（ＨＦＴ：High frequency trading）」の影響が市場で問題視されています。

　ＨＦＴは、投資戦略をアルゴリズム取引（コンピュータのプログラムが自動的に行う取引）（→P211）に組み込んで、高速で小口の売買を繰り返す取引です。株取引や為替取引に急速に広がり、日銀のレポート（2013年1月）では「為替取引（直物取引）の24〜30％を占める」との推計を紹介しています。

　ＨＦＴの高速・高頻度の売買は、相場急変動の引き金になりかねないとの指摘もあります。2010年5月に米国株式市場では、数分ほどの間にＮＹダウが1000ドル近く下げたフラッシュ・クラッシュ（瞬間暴落）が起きました。株価指数先物価格の下げに、ＨＦＴが一斉に追随したことが主な要因とみられています。

投機筋の動きが
通貨危機に発展する

経済悪化・通貨高というタイの矛盾に目をつけた投機筋は、タイバーツを大量に売って暴落させ、アジア通貨危機の引き金となった。

▶ 投機筋が売り浴びせて通貨が暴落

　一般的に、**通貨危機**は、国の経済成長の鈍化や政治不安などをきっかけに、海外から投資された資金の引き揚げや海外企業の撤退が一挙に起こることから始まります。こうなると、その国の通貨を手放す動きが強まります。

　その動きを察知して集まってくるのがヘッジファンドなどの**投機筋**です。儲かるとなれば、その国の通貨を売りまくって通貨の価値をとことん下げ、安くなったところで買い戻して利益を得ます。

　政府がもうコントロールできないというところまで通貨が売られると、通貨がとめどなく下落し、通貨危機が起こります。1997年の「**アジア通貨危機**」は、投機筋が決定づけたといわれています。

　1997年、タイの通貨、**タイバーツの急落**から危機は始まりました。当時、アジアのほとんどの国は、ドルと自国通貨の為替レートを固定する「**ドルペッグ制**」を採用していました。タイバーツも、対ドルは固定相場制、それ以外の通貨とのレートは、対ドルレートを基準に算出するクロスレート（→P52）による変動相場制でした。

　当時の日本は、土地や賃金が安い東南アジア諸国に工場を建てる

など直接投資を拡大し、経済発展に貢献してきました。タイから日本への輸出も拡大し、円高・バーツ安で安く製品を輸出できるという追い風もあり、2ケタのGDP成長率が続く好景気でした。

そこでタイは、工場建設などの設備投資資金をまかなうため、金利を高くする政策で海外から資金を呼び込もうと考えました。

ところが、1995年から流れが変わりました。同年4月に1ドル＝79円台をつけたドル／円相場は、1997年5月には127円台まで円安・ドル高が進んだのです。

こうなると、タイバーツもドルに連動しているため、円安・タイバーツ高となります。その結果、日本への輸出競争力が弱まり、貿易赤字が急激に拡大、タイのGDP成長率はマイナスに陥りました。

タイの経済が悪くなっているのに、タイバーツ高になるという矛盾が生じたわけです。

▶ タイバーツ高の矛盾に目をつけたヘッジファンド

こうしてタイの経済が悪くなると、いままでタイに流入していた資金の引き揚げがいっせいに始まり、株式や債券、不動産の相場は急落しました。

ここで、タイバーツ高の矛盾に目をつけたヘッジファンドなどの投機筋が、ここぞとばかりにタイバーツを売り始めました。

タイ政府は必死でタイバーツを買い支えていましたが、ついに支えきれなくなり、1997年7月に変動相場制に移行し、タイバーツはさらに暴落。タイバーツが安くなったところで買い戻した投機筋は、巨額の利益を手に入れたといわれています。

通貨危機はタイだけにとどまらず、あおりを受けた東アジア、東南アジア諸国の通貨も暴落し、経済を急激に悪化させました。

タイバーツ暴落の流れ

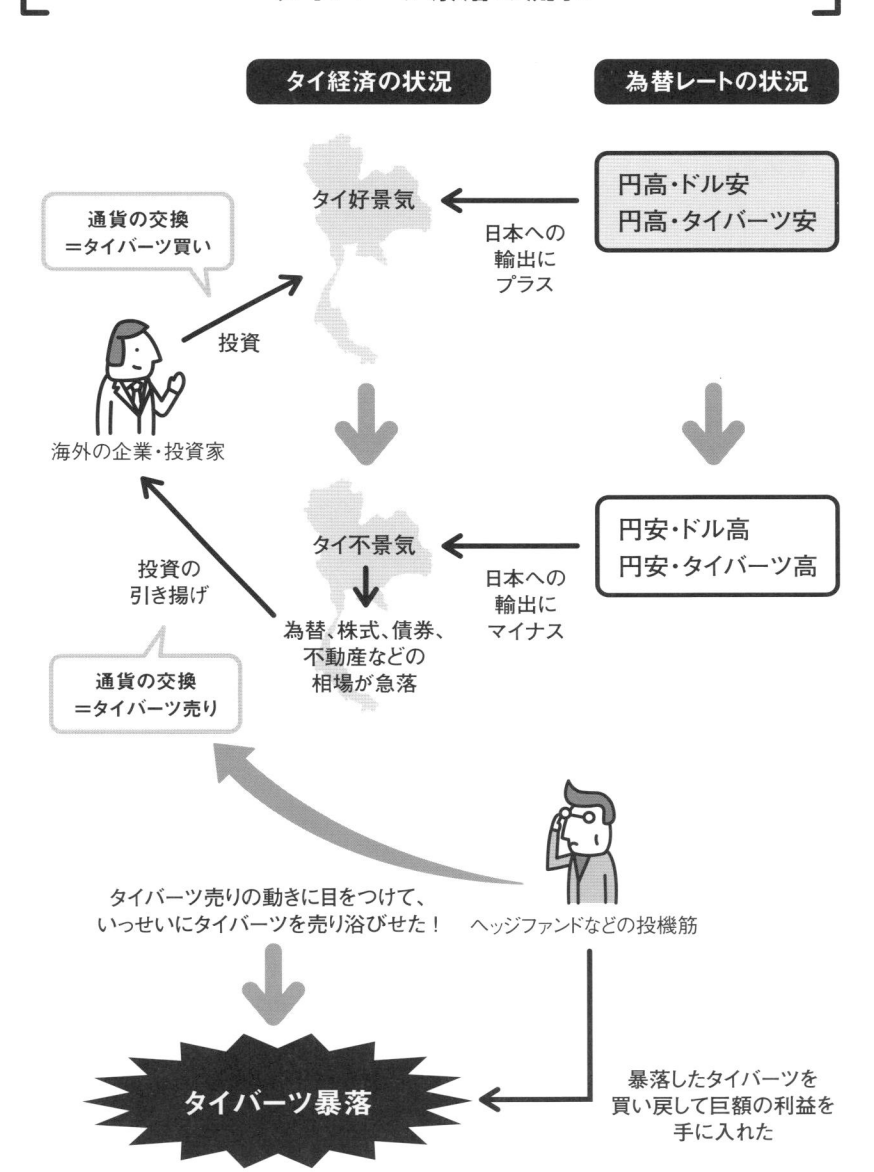

タイ経済の状況

為替レートの状況

タイ好景気

円高・ドル安
円高・タイバーツ安

通貨の交換
＝タイバーツ買い

日本への
輸出に
プラス

投資

海外の企業・投資家

タイ不景気

円安・ドル高
円安・タイバーツ高

投資の
引き揚げ

日本への
輸出に
マイナス

為替、株式、債券、
不動産などの
相場が急落

通貨の交換
＝タイバーツ売り

タイバーツ売りの動きに目をつけて、
いっせいにタイバーツを売り浴びせた！　ヘッジファンドなどの投機筋

タイバーツ暴落

暴落したタイバーツを
買い戻して巨額の利益を
手に入れた

通貨危機に陥った国を
IMFが助ける

アジア通貨危機を機にIMFは通貨危機に陥った国に巨額融資を行い、2008年の金融危機後はより機動的な支援を行うようになった。

▶ 目的は世界の通貨システムを安定させること

　1997年のアジア通貨危機（→P147）のとき、インドネシア、韓国、タイを救ったのが「ＩＭＦ（**国際通貨基金**）」です。金融安定化政策と構造改革支援のため、これら３カ国に合計350億ドル（約３兆1500億円）の融資を行いました。

　ＩＭＦは、1945年12月に設立された国際機関です。加盟国は189で、世界のほとんどの国が参加しています（2017年12月時点）。

　世界の通貨と為替相場を安定させて、貿易など国同士の資金決済がスムーズに行われる環境を整備するのが目的です。

　設立当初は、世界の為替相場が固定相場制だったので、相場を維持するために各国に資金援助を行うのが主な役割でした。変動相場制に移行後は、発展途上国の開発支援や緊急融資も行っています。

　アジア通貨危機以降、ＩＭＦの役割は大きく変わりました。為替相場を維持するために、経済的に苦境にたった国への融資、経済政策の指導など、積極的な支援に取り組み始めました。

　2008年秋以降の世界的な経済・金融危機で、ＩＭＦはウクライ

IMFの主な業務

加盟国への 金融支援	対外的な支払い困難（外貨不足）に陥った加盟国に、融資を行い、経済・財政危機克服の手助けをする。財源は加盟国からの出資等。
加盟国への 経済政策に関する 助言（サーベイランス）	国際通貨システムの安定を維持するために、世界各国の政策や経済・金融の情勢を監視し、加盟国に経済政策の提案を行う。
技術支援	経済・金融政策関連の専門知識の乏しい加盟国に対して、専門家を派遣しての助言や、研修などを実施して技術支援を行う。

ナやハンガリーなどに対して巨額の融資を実施しました。

　融資に必要な資金を確保するため、2009年4月のG20ロンドン・サミットでは、IMFの資金基盤を最大5000億ドル増額することが合意され、資金基盤を拡充。さらに2010年12月には、IMFの恒久的な財源である、加盟国からの出資総額を倍増することを決定、2016年1月に発効しました。

　また、2010年来のギリシャに端を発する欧州債務問題が深刻化するなか、2012年には日本を含む有志の加盟国がIMFに対して資金貢献を表明、合計約4600億ドルの資金基盤強化が行われています。

　並行して融資制度の見直しも行われ、危機予防を目的として多額のクレジット・ライン（信用供与枠＝取引限度額）の設置を可能と

IMFの役割の変遷

▶1944年　設立当初

> 為替相場が固定相場制だったので、相場維持のための各国への資金援助が主な役割

▶1973年　変動相場制移行後

> 発展途上国の開発支援、緊急融資なども実施

▶1997年　アジア通貨危機後

> 通貨危機で苦境にたった国への融資、経済政策の指導なども実施

▶2008年　世界金融危機後

> IMFは資金基盤の拡充に並行して、危機を予防する融資制度を創設。次の危機にも備えている

する融資制度が創設されました。2009年3月にはフレキジブル・クレジット・ライン（FCL）、2010年8月には予防的クレジット・ライン（PCL）が創設され、2011年11月にはPCLが予防的流動性枠（PLL）に変更されました。

　そのほか、金融セクター向けのサーベイランス（調査監視）を強化するなど、現在の危機を克服し次の危機に備える取り組みにおいてIMFは非常に大きな役割を果たしています。

Part 6

ドル以外の通貨の 実力は?

ユーロの実力は
ドルに迫っている

ユーロは世界各国で貿易決済、外貨準備に広く用いられ、ドルに次ぐ国際通貨の役割を担うが、導入国の財政規律確保など課題も多い。

▶ ユーロ圏が拡大している

　ここでは、外国為替市場においてドルに次いで第2位の取引量を誇り、貿易の決済通貨や世界各国の外貨準備のための通貨としてもドルに次ぐ位置を占める「**ユーロ**」について説明します。

　ユーロは欧州連合（ＥＵ）に加盟するヨーロッパ諸国で使われている共通通貨です。ＥＵとは、第2次世界大戦のような悲惨な戦争を二度と繰り返さないよう、欧州を政治・経済的に統合することを目指して設立された国際機関です。

　第2次世界大戦以前、欧州は世界経済のリーダー的役割を担っていました。しかし、大戦後はその座を米国に奪われてしまい、さらに日本などの欧米以外の国々が急速な経済成長を遂げて、欧州を脅かしていました。

　こうした状況に強い危機感を抱いた欧州各国は、力を合わせて経済力強化に乗り出しました。ＥＵ域内の製品・資金の移動などの経済活動に対する規制を緩めたり廃止するとともに、各国が独自通貨を発行していたのを、ユーロという1つの通貨にまとめたのです。

　通貨の交換という経済活動の障害が取り払われたことで、経済活

ユーロ導入19カ国

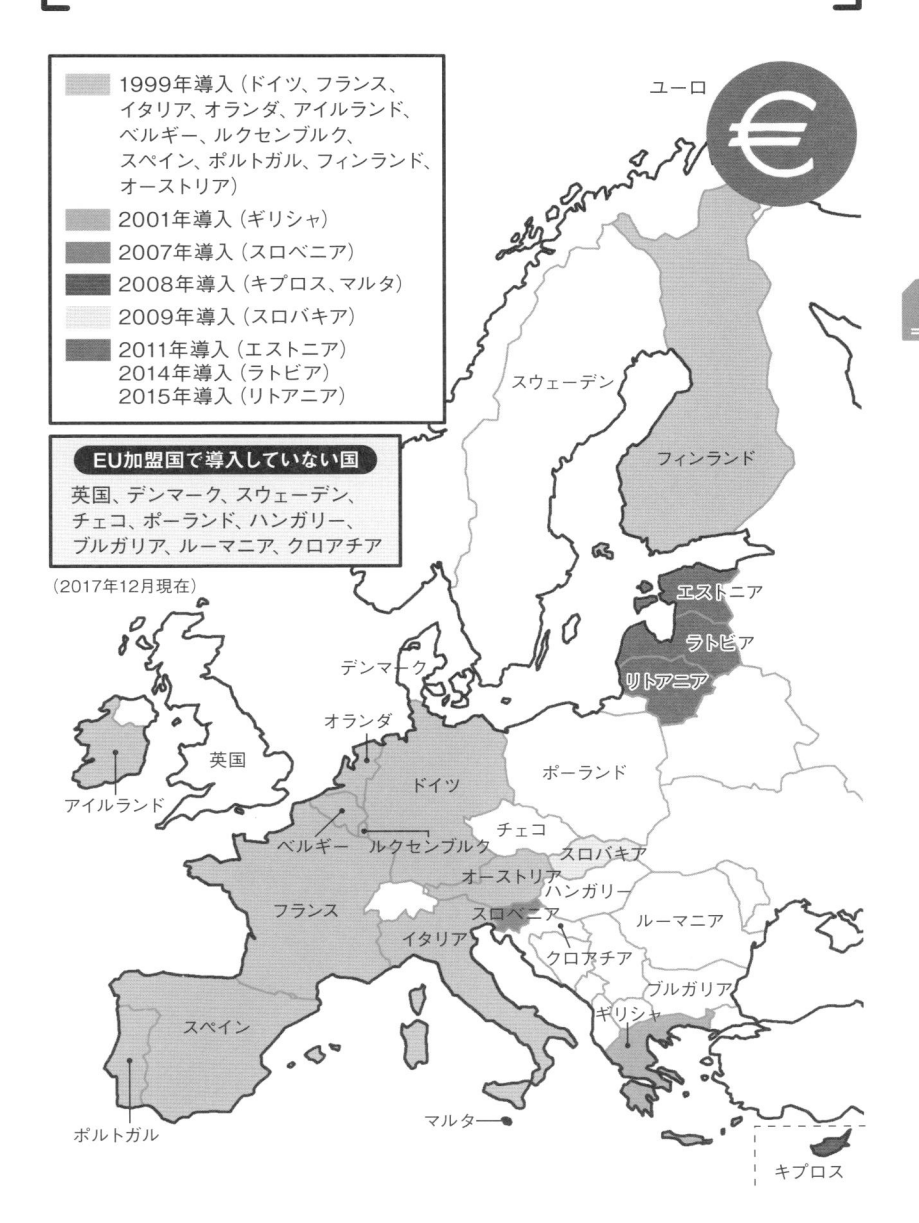

凡例:
- 1999年導入（ドイツ、フランス、イタリア、オランダ、アイルランド、ベルギー、ルクセンブルク、スペイン、ポルトガル、フィンランド、オーストリア）
- 2001年導入（ギリシャ）
- 2007年導入（スロベニア）
- 2008年導入（キプロス、マルタ）
- 2009年導入（スロバキア）
- 2011年導入（エストニア）
  2014年導入（ラトビア）
  2015年導入（リトアニア）

EU加盟国で導入していない国
英国、デンマーク、スウェーデン、チェコ、ポーランド、ハンガリー、ブルガリア、ルーマニア、クロアチア

（2017年12月現在）

6

ドル以外の通貨の実力は？

動はスムーズに行われるようになり、欧州経済は活性化しました。

　その歴史を振り返ってみましょう。まず1998年、ユーロ誕生に先立ってユーロ圏（ユーロを導入している国々）全体の金融・為替政策を担当する中央銀行「**欧州中央銀行（ＥＣＢ）**」が設立されました。

　そして翌1999年、ＥＵ加盟15カ国のうち、導入できる経済条件がそろっていたドイツやフランス、イタリアなど11カ国から導入されました。

　その後、ＥＵ加盟国、ユーロ導入国ともに増え、ＥＵ加盟国は28カ国、うちユーロ導入国はギリシャ、スロベニアなどが加わって19カ国になっています（2017年12月現在）。導入国の通貨は廃止され、ユーロが使われています（前ページの図）。

▶ **ユーロは3つのメリットを導入国にもたらした**

　経済力強化という期待のもとに生まれたユーロは、導入国にどのようなメリットをもたらしたのでしょうか。

　それには、次の3つがあります。

①**貿易取引の活発化**

　ユーロ圏内ならどの国との貿易取引でも支払いにユーロが使えます。そのため、為替変動リスクや通貨交換の為替手数料が発生しません。国内で商品を売り買いするのと同じ感覚で取引できるため、貿易が盛んになり、各国の経済拡大につながります。

②**企業のビジネスチャンス拡大**

　各国の企業は、国境を気にすることなく、ユーロ圏全体で事業を展開できるようになり、ビジネスチャンスが大きく広がりました。たとえば、ドイツの企業がイタリアの銀行からお金を借りてフラン

ユーロが導入国にもたらしたメリット

❶ 貿易取引が活発になった

為替変動リスクや為替手数料が発生しなくなり、
ユーロ圏内の貿易取引が活発になった。

❷ 企業のビジネスチャンスが広がった

国境を気にせず、ユーロ圏全体を舞台に
ビジネスが展開できるようになった。

❸ 国際通貨としての役割を担うようになった

貿易取引の決済や外貨準備に広く
使われるようになった。

スに支店を出すということも可能になりました。

③国際通貨としての役割を獲得

　従来は、基軸通貨のドルだけが国際通貨としての役割を担ってきましたが、ユーロも「**第2の基軸通貨**」といわれるように、ドルと同様の力をもち始めています。

　実際、ユーロは、導入している19カ国と貿易取引をしている他の欧州諸国をはじめ、近隣の中東諸国、アフリカ諸国でも**決済通貨**として広く利用されるようになっています。

　また、各国の**外貨準備高**（→P49）に占めるユーロの割合はドルに次ぐものです。このようにユーロの力が強まれば、ユーロ圏自体の世界経済における影響力も上がります。

▶ ドルを上回れないユーロの課題

ユーロが力をつけてきたとはいうものの、まだまだ米国のドルと肩を並べるほどではありません。外国為替市場における通貨別の取引シェアは、ユーロが2位ですが、1位のドルの半分にも達していないのが現状です（→P109）。世界的にみると、依然としてドルのほうが信頼性や利便性は高いといえるでしょう。

また、前述したようにユーロ圏の金融・為替政策はECBに委ねられていますが、その難しさが今後の課題として挙げられています。つまり、圏内にはさまざまな経済状態の国がありますから、それを1つの金融政策でまとめて、物価をコントロールし、景気を良い状態に保つのは簡単なことではないのです。

また、ユーロ導入国には、**財政規律**（財政赤字は対GDP比3％以内に、政府債務残高は対GDP比60％以内に収める）を守ることが求められています。

しかし、2008年後半以降の債務危機と景気の落ち込みで守れなくなる国が一時増えました。2010年初めにはギリシャで財政危機が発生し、ポルトガルなど南欧に拡大しました。

▶ ユーロは円よりも強い

ユーロと円を比べると、ユーロのほうが強いのは明白でしょう。

ユーロは前述したような課題を抱えていますが、世界から第2の基軸通貨として期待され、貿易取引の決済や外貨準備に広く使われるようになっています。外国為替市場における通貨別の取引シェアでもユーロは円を上回っています。円の流通は日本国内だけですが、ユーロは欧州各国で流通しているからです。

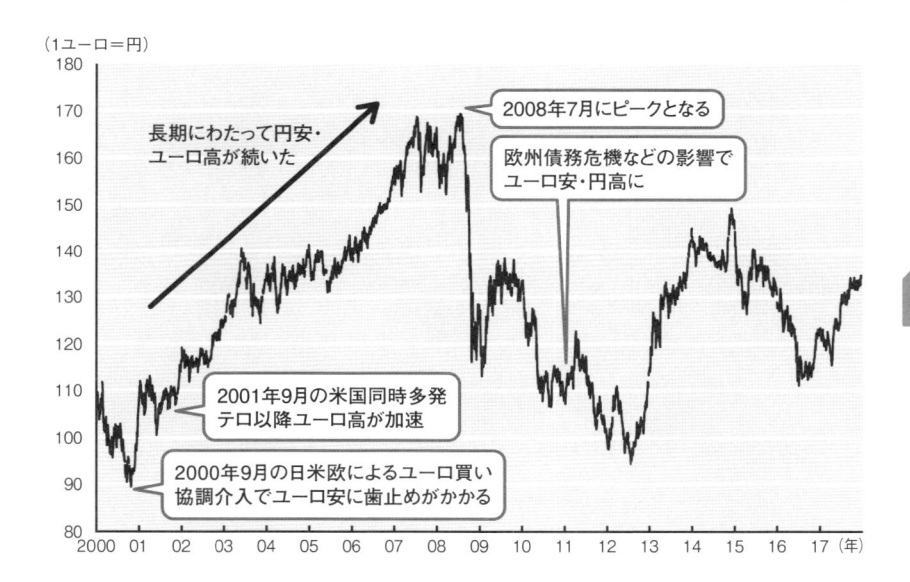

ユーロ／円相場の推移

（1ユーロ＝円）

長期にわたって円安・ユーロ高が続いた

2008年7月にピークとなる

欧州債務危機などの影響でユーロ安・円高に

2001年9月の米国同時多発テロ以降ユーロ高が加速

2000年9月の日米欧によるユーロ買い協調介入でユーロ安に歯止めがかかる

2000 01 02 03 04 05 06 07 08 09 10 11 12 13 14 15 16 17（年）

ユーロ／円相場の推移を振り返ってみましょう。

ユーロは発足当初、実体経済（金融以外の経済）の成長力が弱かったことからユーロ安が続き、1ユーロ＝88円台まで下がりましたが、2000年9月に日米欧各国が一緒にユーロ買いの協調介入（→P142）を行ったこともあり、ユーロ安に歯止めがかかりました。

その後、2001年9月に米国同時多発テロが起きた頃からドルへの信頼感が弱まり、ユーロの第2の基軸通貨としての役割が注目され始めました。2008年7月には170円近くまでユーロ高・円安が進みましたが、その後の欧州債務危機などを背景に2012年には94円台までユーロ安・円高が進行。その後、ユーロ圏の世界最大の経常黒字などを背景に反転し、2017年12月現在、131〜135円台で推移しています。

▶ ユーロ預金の損得はどうか

　では、ユーロ、円、ドルのそれぞれで預金するなら、どれが一番お得でしょうか。

　ある銀行の期間1年の定期預金で比べてみると2017年12月現在、ユーロ定期預金（3万ドル相当額未満）の金利は0.010％。これに対して円定期預金（300万円未満）の金利は0.01％、ドル定期預金（3万ドル相当額未満）の金利は0.400％。金利だけみると、ドル預金はユーロ預金と円預金よりも有利なように思えます。

　ただ、注意したいのは、外貨預金で円を外貨に、または外貨を円に換えるときには**為替手数料**がかかり、外貨の種類によってその額が異なることです。一般に取引量の多い外貨は安く、少ない外貨は高くなっています。

　一般的なユーロ預金（窓口）では、預け入れるときに適用されるＴＴＳが仲値に1円50銭上乗せしたレート、解約したときに適用されるＴＴＢが1円50銭引いたレートになります（ＴＴＳ、ＴＴＢ、仲値→P47）。つまり、

ユーロ預金の為替手数料→1ユーロあたり片道1円50銭

　これに対して、

ドル預金の為替手数料→1ドルあたり片道1円

　なので、ドルより少し高くなります（片道とは通貨交換1回分）。

　仮に1ユーロ＝135円でユーロ預金に預けた場合、為替手数料が1ユーロあたり往復3円かかるため、その分を上乗せした、

1ユーロ＝138円超の円安・ユーロ高

にならないと為替差益は得られません。外貨預金をするときは、こうした点も頭に入れておくべきでしょう。

ユーロ預金で為替差益を得るには？

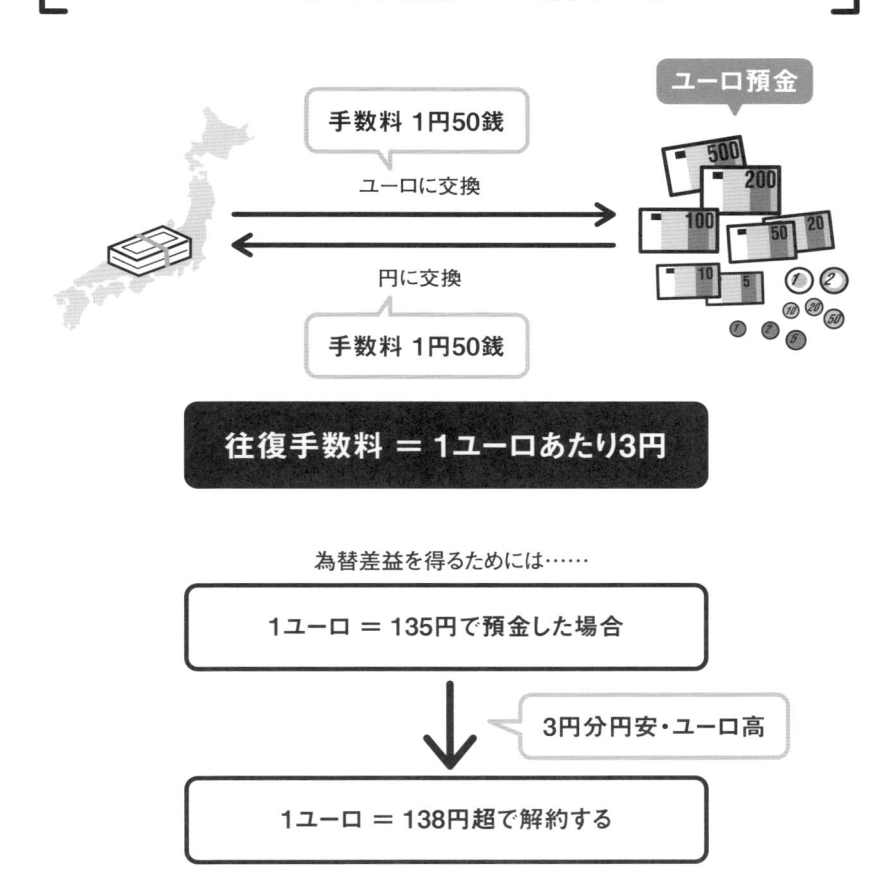

ユーロ預金

手数料 1円50銭

ユーロに交換

円に交換

手数料 1円50銭

往復手数料 ＝ 1ユーロあたり3円

為替差益を得るためには……

1ユーロ ＝ 135円で預金した場合

3円分円安・ユーロ高

1ユーロ ＝ 138円超で解約する

　このユーロをはじめ、ドル、ポンド、スイスフラン、オーストラリアドル、ニュージーランドドルなどの外貨預金は、都市銀行や大手地方銀行などで取り扱っています。

　中小金融機関（一部の地方銀行や信用金庫など）では、ドル預金・ユーロ預金だけを扱っているところや、外貨預金を扱っていないところもあります。

ポンドの強さと将来性は？

英国がユーロを導入しなかった理由はいくつかある。通貨ポンドは投機マネーが集まりやすく値動きが激しいことで有名。

▶ 英国はなぜユーロ導入に消極的だったのか

134ページで説明したように、外国為替市場での取引量がドル、ユーロ、円に次いで4番目に多いのが英国通貨の「**ポンド**」です。

現在の基軸通貨はドルですが、19世紀後半までは英国の通貨であるポンドがその地位についていました。英国は18世紀の産業革命以降、世界経済をリードしてきましたが、第2次世界大戦後は経済が衰え始め、経済が急成長した米国のドルに基軸通貨の座を明け渡したのです。

英国は1973年にEUに加盟していますが、ユーロは導入しませんでした。なぜでしょうか。理由は以下の3つが挙げられます。

①独自の金融政策を手放したくない

英国はとても主権を重んじる国なので、伝統のある自国の通貨ポンドを捨てて、金融政策を他者（欧州中央銀行）に委ねることに抵抗があったのです。導入するかどうかは国民投票で決まりますが、やはり反対意見が多く、見送られたという経緯があります。

②ユーロ導入の義務がない

EU加盟国は基本的にEMU（経済通貨同盟、ユーロを導入する

ユーロ導入を見送った英国

国が入る組織）に参加し、ユーロを導入する義務がありますが、英国とデンマークは初期の加盟国の特権として、<u>適用除外規定（オプト・アウト）の対象国になっていて</u>、<u>ユーロを導入する義務がありませんでした</u>。

③ユーロ導入条件を満たしていない

　ユーロを導入するためには、財政赤字や国の借金を減らし、自国通貨の価値の大幅な変動をなくす義務がありますが、そうした条件をクリアしていません。英国が相当厳しい財政・金融政策を実施すれば、導入条件はクリアできるでしょうが、その努力を行うほどの価値をユーロに見いださなかったようです。

▶ 英国のEU離脱で、ユーロ導入はなくなった

　英国は2016年6月23日に行われた国民投票でＥＵ離脱の道を選択し、ユーロ導入の可能性はなくなりました。国民投票は、ＥＵ離脱か残留かの二者択一で行われ、離脱賛成が51.9％、残留賛成が48.1％でした。英国のＥＵ離脱は、Ｂｒｉｔａｉｎ（英国）とｅｘｉｔ（離脱）を掛け合わせて「ブレグジット（Ｂｒｅｘｉｔ）」とも呼ば

れています。

「ＥＵ離脱は非常に大きな経済的ダメージをもたらす」と政府が警告していたにもかかわらず、ＥＵ離脱派が勝利した理由の1つには、前述したように英国は主権を重んじる国なので、「主権を取り戻せ」という離脱派の主張に多くの国民が共感したことが挙げられます。ＥＵに権限を委ねることに強い抵抗感があるのです。これでは、最初からユーロ導入の可能性はゼロだったのかもしれませんね。

　また、過去最高を記録した移民の問題も要因の1つといわれています。旧東欧諸国から多くの労働者が入国し、国民の雇用が脅かされているという危機感が強まっていました。

　その後、英国は2017年3月29日にＥＵに対して正式な離脱通告を行い、関税やヒト・モノ・サービスの移動などについてＥＵとの関係をどうするか、交渉を行っています。

▶ ＥＵ離脱が急激なポンド安・円高を招く

　ポンドは、ドル、ユーロなどに比べると取引量が少ないにもかかわらず、**投機的な大口取引が多いため、値動きが激しい通貨です。** そのため、為替差益を狙う投機対象として有名です。

　ポンド／円相場は、2003年半ば〜2008年初頭までは円安・ポンド高傾向でした。2007年7月には1ポンド＝251円台を記録しています。しかし2008年後半の金融危機で景気が後退し、2009年1月には一時、1995年4月の史上最安値を14年ぶりに更新し、1ポンド＝118円台の円高・ポンド安になりました。

　前述した英国のＥＵ離脱は、想定外の結果だったため、為替相場に大きな衝撃を与え、急激なポンド安・円高を招きました。6月24日に離脱派が優勢なことが判明すると、朝1ポンド＝160円台

ポンド／円相場の推移

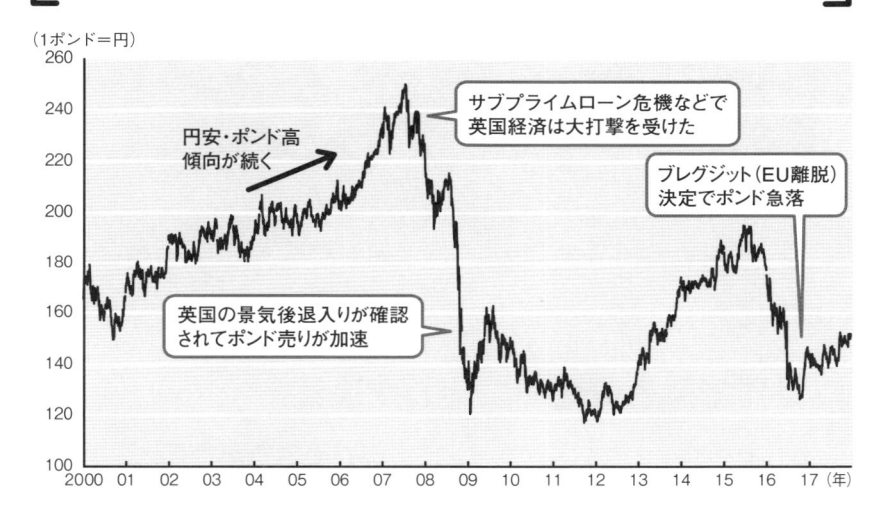

(1ポンド＝円)

- 円安・ポンド高傾向が続く
- サブプライムローン危機などで英国経済は大打撃を受けた
- ブレグジット（EU離脱）決定でポンド急落
- 英国の景気後退入りが確認されてポンド売りが加速

縦軸: 260, 240, 220, 200, 180, 160, 140, 120, 100

横軸: 2000 01 02 03 04 05 06 07 08 09 10 11 12 13 14 15 16 17 (年)

だった為替レートは午後に133円台へと、なんと一気に27円もポンド安・円高が進みました。この間のドル／円相場の変動幅は3円程度だったので、まさに値動きが激しい通貨といえるでしょう。

▶ ポンド預金は為替手数料が高いことに注意

　ポンド預金はどうでしょうか。ある銀行の期間1年のポンド定期預金の金利は2017年12月現在、0.100％（預金額は3万ドル相当額未満）で、ユーロ定期預金よりも高い水準です。ただし、一般にポンド定期預金（窓口）の為替手数料は、1ポンドあたり片道4円と高めです。

　たとえば、1ポンド＝150円でポンド預金に預けた場合、為替手数料が1ポンドあたり往復8円かかります。その分を上乗せした1ポンド＝158円超の円安・ポンド高にならないと、為替差益は得られません。現在の金利ではコストが高い金融商品といえます。

政治・経済情勢リスクに強いスイスフラン

スイスは永世中立国として他国から安全を保障されており、スイスフランは戦争やテロなどの有事の際、避難先通貨として買われる。

▶ 世界で最も安全で安定した通貨

　スイスの通貨「**スイスフラン**」は「**世界で最も安全で安定した通貨**」として広く認められています。その理由はスイスの中立性です。

　欧州の中心部にあるスイスは、日本の九州くらいの面積の小国ながら、**永世中立国**として独自の地位を保っています。

　永世中立国とは、他国間で戦争が起きたとしても、自国は常に中立の立場であることを宣言し、その中立は他国から保障されている国です。ＥＵにも加盟せず、政治・経済的に中立を保つ姿勢を貫いています。

　投資家の中でもとくに富裕層は、戦争やテロなどが起きて政治・経済情勢のリスクが高まると、資産を増やすよりも守るほうに走りがちです。そのため、**世界的に政治・経済情勢が不安定になると、避難先通貨（逃避通貨）としてスイスフランが買われるようになり、スイスフラン高となります。**

　この傾向が強くなったのは、2001年9月の米国同時多発テロ以降です。再び米国本土が狙われるのではないかというおそれが広まったことで「有事のドル」神話は崩れ去り、それにとって代わった

スイスフラン／円相場の推移

（1スイスフラン＝円）

- 比較的変動幅が小さく安定しているのが特徴
- 金融危機でも景気後退の影響は小さかった

「有事のスイスフラン」といわれ、金と並んで戦争・テロなどが発生した際の避難先通貨として位置づけられている

のが「**有事のスイスフラン**」「**有事の金**」（金→P116）でした。

　したがって、世界的に政治・経済情勢が不安定になると、結果としてスイスフラン高、金価格高になる傾向があります。

　ところで、中央銀行であるスイス国立銀行（ＳＮＢ）は、2009年3月に利下げなどを決めると同時に、スイスフラン売り・外国通貨（ユーロなど）買いの市場介入を始めました。物価下落（デフレ）による景気悪化を防ぐため、スイスフランを売って市場に放出することで、世の中に出回るお金の量を増やすのが目的です。

　先進国は過去の教訓から、自国通貨を切り下げるような動きを自重していますが、スイスは唯一の例外でした。

▶ 「下限」撤廃がスイスフランショックを招く

　さらに、ＳＮＢはスイスフラン高を防ぐため、2011年9月6日にユーロ／スイスフランの為替レートの下限を1ユーロ＝1.2フランに設定。この水準を守るため、無制限の市場介入（スイスフランを売ってユーロを買う取引）を行うと発表しました。

　ところが、この為替レートの上限をＳＮＢが2015年1月15日に突然撤廃、後に「スイスフランショック」と呼ばれる大混乱を招きました。市場参加者のユーロ売り・スイスフラン買いの勢いに対抗して上限レートを維持するのはもはや不可能と、ＳＮＢが判断したとみられています。

　これを受けて、スイスフランは各通貨に対して大きく上昇しました。スイスフラン／円相場は一時、1フラン＝115円台から162円台まで、およそ47円急騰後、乱高下し、大荒れの状態となりました。

　しかし、その後はＳＮＢによる市場介入によってスイスフラン相場は安定した動きを取り戻しています。依然として安全資産としての地位は揺るがず、有事に買われる傾向があります。

▶ 預金金利のうまみは少ないが為替手数料は低い

　スイスフラン預金は、都市銀行や大手地方銀行で取り扱っています。期間1年のスイスフラン定期預金の金利は2017年12月現在、0.010％（預金額は3万米ドル相当額未満）で高いとはいえません。

　ですが、前述したようにスイスフランの魅力は、世界で最も安全で安定した通貨という点です。為替手数料は、一般に1スイスフランあたり片道45銭で、ユーロ、ポンドと比べると低くなっています。

資源国通貨の実力が上がりつつある

天然資源の輸出で稼ぐ資源国の通貨は、商品価格や資源輸入国の景気に左右される。豪ドル、カナダドル、南アフリカランドが代表的。

▶ 資源国通貨は商品相場や輸出先の景気に左右される

　エネルギー資源をほとんど外国からの輸入に頼っている日本にとってはうらやましいかぎりですが、世界には石油、石炭、鉄鉱石など豊富な天然資源をもつ国がいくつもあります。

　そうした資源を外国に多く輸出している国の通貨を「**資源国通貨**」または「**コモディティ通貨**」といいます。

　代表的な資源国通貨は、オーストラリアのオーストラリア（豪）ドル、カナダのカナダドル、南アフリカの南アフリカランドです。

　近年、資源国通貨への評価が高まり、新たな投資先として考える人も増えていますが、これらの通貨の価値は、

・原油や金などの商品価格が上昇→資源国の景気上昇→通貨が買われる→通貨高に

・原油や金などの商品価格が下落→資源国の景気後退→通貨が売られる→通貨安に

というように、商品相場の動きに大きく左右されます。

　また、輸出先の国の景気によって、資源をどれだけ買ってくれるかが変わってきますから、資源国通貨は、

> ・輸出先の国の景気上昇→資源国の輸出量拡大→資源国の景気上昇→通貨が買われる→通貨高に
> ・輸出先の国の景気後退→資源国の輸出量縮小→資源国の景気後退→通貨が売られる→通貨安に

という流れになります。

▶ 資源高がオーストラリアドル高につながる

　オーストラリアの経済力の源泉は、さまざまな鉱物資源です。大陸全体が鉄鉱石でできているといわれるくらい、鉄鉱石に恵まれています。

　輸出品目のベスト5は、鉄鉱石（20.9%）、石炭（16.0%）、金（7.3%）、天然ガス（7.2%）、牛肉（2.9%）、で、エネルギー・鉱物資源が輸出の大半を占めています（2016年、ジェトロ調べ）。

　中国に次ぐ金産出国でもあり、右の図のように**金価格と豪ドル相場は比較的強い相関関係がみられる**のが特徴です。

▶ オーストラリアは他の先進国と比べて高金利

　オーストラリアは先進国の中でも金利水準が高く、外貨預金でも人気があります。

　ただ、2017年12月時点では、政策金利が1.5%ですが、期間1年の豪ドル定期預金（3万米ドル相当額未満）の金利は0.800%程度となっています。それでも、円預金に比べればはるかに高金

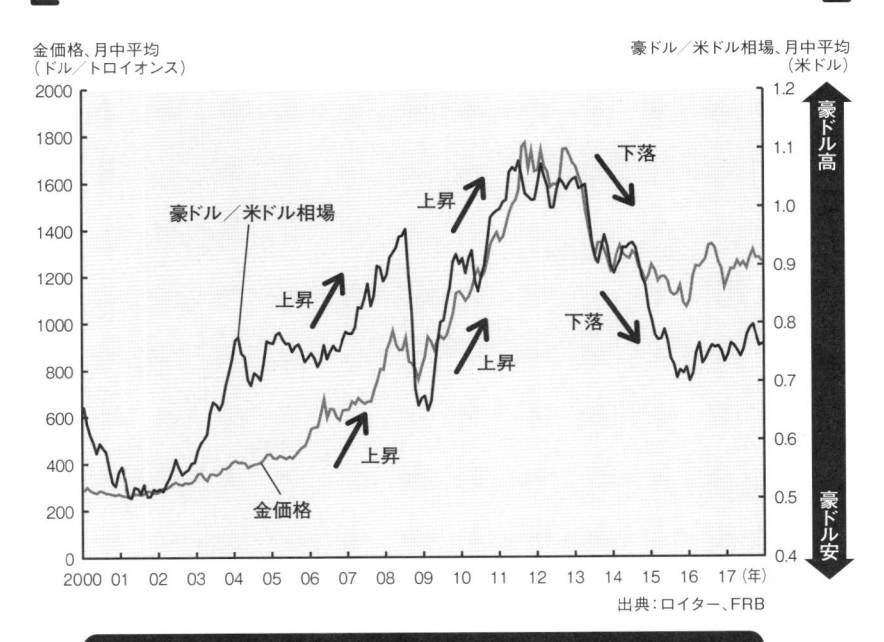

オーストラリアドルと金相場は相関関係がある

金価格、月中平均
（ドル／トロイオンス）

豪ドル／米ドル相場、月中平均
（米ドル）

豪ドル／米ドル相場

上昇

上昇

上昇

金価格

上昇

上昇

下落

下落

豪ドル高

豪ドル安

2000 01 02 03 04 05 06 07 08 09 10 11 12 13 14 15 16 17（年）

出典：ロイター、FRB

6

ドル以外の通貨の実力は？

> **オーストラリアの経済力の源泉はさまざまな鉱物資源で、資源高が豪ドル高につながる**

利といえるでしょう。

　為替手数料（窓口）は一般に1豪ドルあたり片道2円と、ユーロ（1円50銭）に比べて少し高めです。

　1豪ドル＝80円で豪ドル預金に預けた場合、為替手数料が1豪ドルあたり往復4円かかるため、そのぶんを上乗せした1豪ドル＝84円超の円安・豪ドル高にならないと為替差益は得られません。

　米国や日本の経済は資源高にダメージを受けやすいのですが、オーストラリア経済は逆です。**資源高＝豪ドル高**となるため、豪ドル預金にとってもプラス材料になります。

▶ 原油価格の影響をもろに受けるカナダドル

　西は太平洋、東は大西洋に面し、北は北極まで広がるカナダは、世界で2番目に大きい国土をもつ国です。原油、天然ガス、石炭といったエネルギー資源や鉱物資源を産出し、原油埋蔵量は世界第2位です。

　往々にして原油の輸出国は、中東諸国のように政治が不安定なことが多いのですが、カナダは政治的にも落ち着いています。

　そのため、国内経済も比較的安定しているので、カナダドルは原油価格の上昇・下落の影響をもろに受けやすいといわれています。**原油価格が上昇するとカナダドルは上がり、原油価格が下落するとカナダドルも下がる傾向があります。**

　右の図のWTI原油先物価格（米国の代表的な原油指標）とカナダドル／米ドル相場の推移をみると、わかります。

　カナダドル預金を扱っている銀行は少なく、ソニー銀行、住信SBIネット銀行、新生銀行など一部の銀行に限られます。期間1年のカナダドル定期預金の金利は0.3〜1.10％程度（2017年12月現在）。為替手数料は1カナダドルあたり片道50銭程度とそれほど高くありません。

▶ 高金利で為替手数料も安い南アフリカランド

　資源国の中でも新興国としてこれからの経済成長に期待がかかるのが、南アフリカです。金、プラチナ、ダイヤモンドなどの鉱物資源が豊富で、高金利通貨として人気があります。

　南アフリカランド預金を扱っている銀行は少なく、SMBC信託

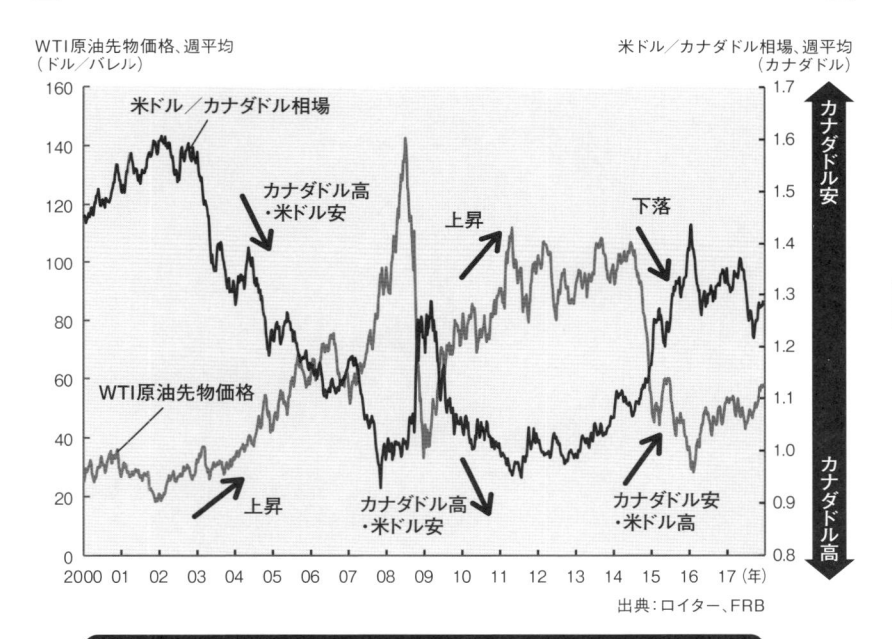

原油価格が上昇するとカナダドル高になる

WTI原油先物価格、週平均
（ドル／バレル）

米ドル／カナダドル相場、週平均
（カナダドル）

米ドル／カナダドル相場

カナダドル高
・米ドル安

上昇

下落

WTI原油先物価格

上昇

カナダドル高
・米ドル安

カナダドル安
・米ドル高

カナダドル安

カナダドル高

2000 01 02 03 04 05 06 07 08 09 10 11 12 13 14 15 16 17（年）

出典：ロイター、FRB

> 原油埋蔵量世界第2位のカナダは政治が安定しており、
> カナダドルを動かす要因は原油価格が大きな割合を占める

銀行、新生銀行、楽天銀行など一部ですが、その金利は期間1年の定期預金でなんと4.25〜6.2%（2017年12月現在）。

　為替手数料は1ランドあたり片道20銭〜40銭程度です。

　雀の涙ほどの金利しかつかない日本の預金に比べると、なんとも魅力的にみえます。

▶ 脆弱な経済と通貨取引量の少なさがネック

　ただし、「おいしい話には裏がある」というように、手放しで飛びつくのはちょっと危険です。

南アフリカランド／円相場の推移

（1南アフリカランド＝円）

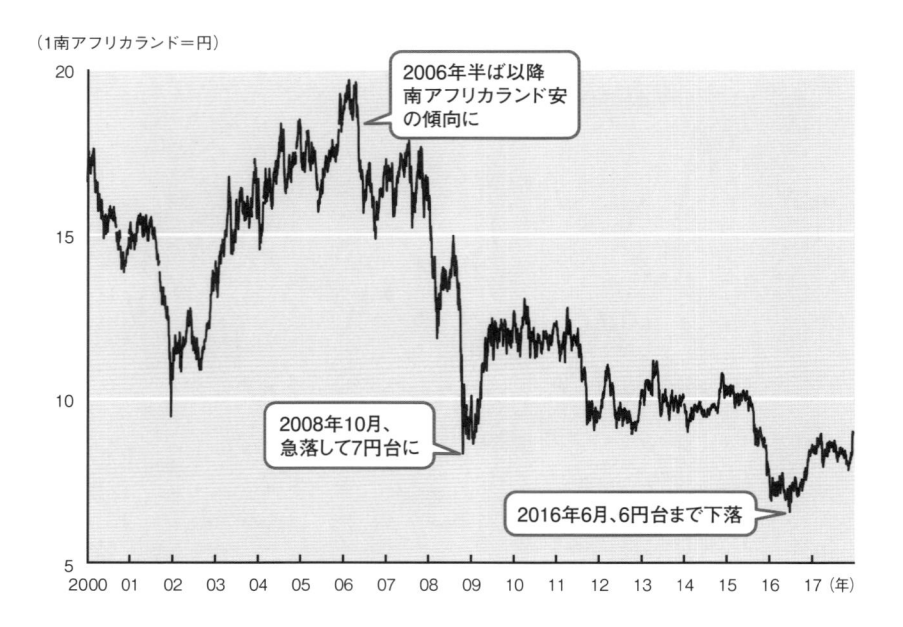

2006年半ば以降
南アフリカランド安
の傾向に

2008年10月、
急落して7円台に

2016年6月、6円台まで下落

まず、この国は**貿易収支が慢性的な赤字で、これは長期的にみて通貨の下落要因となります。**6.34％（2016年）という**高いインフレ（急激な物価上昇）率も通貨安につながる心配の種です。**

また、南アフリカランド／円相場は2006年初旬に1ランド＝19円台をつけましたが、2008年10月には半分以下の7円台まで下落。さらに2016年6月には6円台まで下落しています。2017年12月現在は8円台に戻っています（上の図）。

南アフリカ経済は脆弱で通貨の取引量も少ないため、ひとたび政治を含め問題が起こると相場が急激に変動するリスクがあります。

南アフリカランドを取引する場合は、こうしたことにも十分注意する必要があるでしょう。

実効為替レートから各国通貨の総合力がみえてくる

実効為替レートは通貨の対外的な強さの度合を示す指標。ドル／円レートだけでは円の本当の実力はわからないのでこれを使う。

▶ 指数が大きくなれば円高、小さくなれば円安

　為替市場ではさまざまな通貨が売買されているため、ドル／円相場が円安でも、ユーロ／円相場は円高という場合があります。こんなときは、円高、それとも円安のどちらでしょうか。

　それを計るモノサシが「**実効為替レート**」です。

　実効為替レートとは、ドル／円やユーロ／円など特定の為替レートをみているだけでは判断できない**通貨の総合力を示す指標**です。

　上がる銘柄もあれば下がる銘柄もある株取引の世界には、市場全体の平均的な状態を示す日経平均株価やTOPIX（東証株価指数）などがあります。為替市場でそれに当たるのが実効為替レートなのです。

　実効為替レートには、「名目実効為替レート」と「実質実効為替レート」の2つがあり、円については日本銀行が毎月公表しています。

①名目実効為替レート

　自国通貨とその他の通貨のそれぞれの為替レートを、各国との貿

易関係の強弱を反映させるかたちで合成して、1つの数字にしたものです。主にその通貨の、貿易面での対外競争力を示す指標として使われています。

②実質実効為替レート

名目実効為替レートに、物価の変動による影響を加味したものです。なぜ加味するかというと、対外競争力は、自国と輸出先でどちらの国の物価が上昇しているかにも左右されるからです。

日本の場合、日銀が公表していますが、データはＢＩＳ（国際決済銀行）公表のＢｒｏａｄベースの実効為替レートを使用しています。Ｂｒｏａｄベースは約60カ国・地域の通貨に対して実効為替レートを作成しています。

また日本では一般的に、為替レートが1ドル＝100円のように、外貨1単位が円でいくらになるかという「**自国通貨（邦貨）建て**」で表されます。

しかし、実効為替レートについては1円＝0.01ドルというように、1円がいくらの外貨になるかという「**外国通貨（外貨）建て**」で表されます。

このため、通常の為替レートでは、たとえば1ドルが100円から150円のように数字が大きくなれば円安といいますが、実効為替レートは逆です。算出された指数が大きくなったときが円高で、算出した指数が小さくなったときは円安です。ちょっと紛らわしいですが、間違えないようにしてください。

▶ 実質実効為替レートを使って通貨の強さをみてみる

　次ページの上の図は2010年12月末を100として、実質実効為替レートがどう動いたかを表しています。

　グラフの頂上①は、実質実効為替レートが150.83と大幅な円高を示した1995年4月。この時期、ドル／円相場も円高・ドル安が進み、同年4月に1ドル＝79円75銭という史上最高値をつけました。

　逆に②は、67.86と大幅な円安を示した2015年6月です。この月のドル／円相場は、アベノミクス相場（→P71）によって1ドル＝125円台後半まで円安・ドル高が進んでいます。

　実質実効為替レートは、ドルだけでなく他の通貨との関係も反映していますが、日本は輸出額に占める米国の割合が高いため、ドル／円相場とある程度同じような動きをするのです。

　下の図は、ドル／円相場と実質実効為替レートを比べたものです。ドル／円相場は、2012年10月から2015年6月にかけて1ドル＝77円80銭から125円80銭に大きく円安・ドル高が進行しました。この上昇率は約61％。

　一方、実質実効為替レートはこの間、99.56から71.6にやはり円安に進んでいます。この下落率は約29％です。以上のデータから、次のようなことがわかります。

・ドルの価値は、円に対して約61％上がった。
・ドルを含めた外貨の価値は、円に対して約29％上がった。

　円は、ドル以外の外貨に対して安くなった以上に、ドルに対して安くなったというわけです。

円の実質実効為替レートの推移

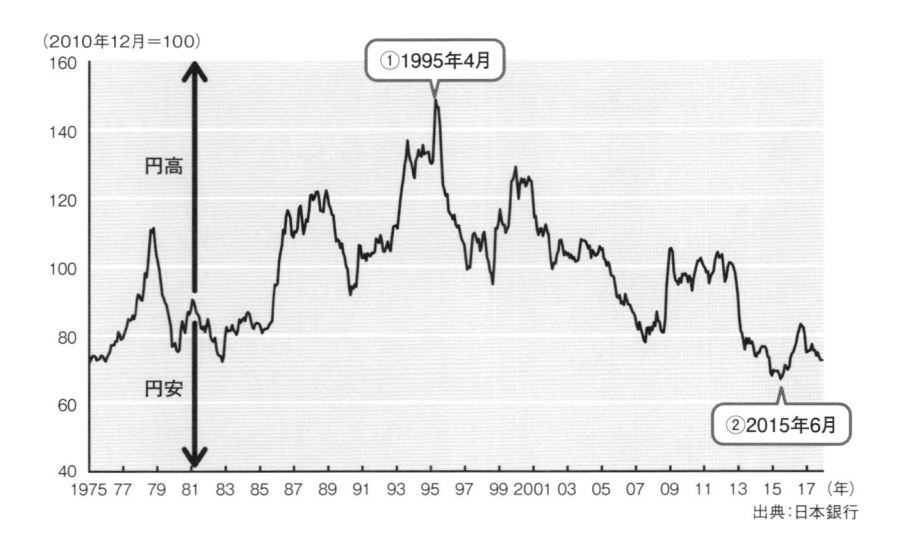

（2010年12月＝100）

①1995年4月

②2015年6月

円高

円安

1975 77 79 81 83 85 87 89 91 93 95 97 99 2001 03 05 07 09 11 13 15 17（年）

出典：日本銀行

ドル／円相場と実質実効為替レートの比較

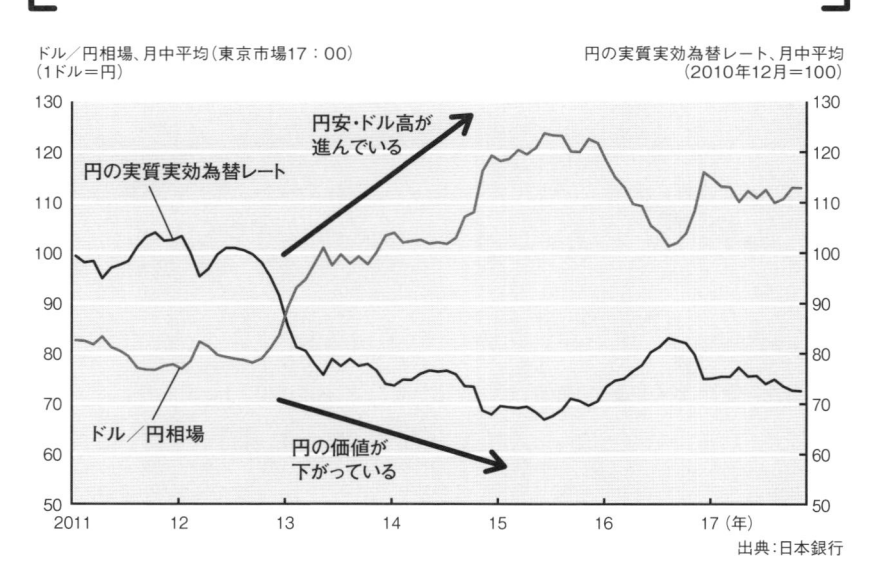

ドル／円相場、月中平均（東京市場17：00）
（1ドル＝円）

円の実質実効為替レート、月中平均
（2010年12月＝100）

円安・ドル高が
進んでいる

円の実質実効為替レート

ドル／円相場

円の価値が
下がっている

2011 12 13 14 15 16 17（年）

出典：日本銀行

仮想通貨の影響力は
どこまで広がるか

世界で急速に普及し、存在感を高めている「仮想通貨」。一方、各国の中央銀行は電子通貨（デジタル通貨）の発行を検討し始めている。

▶ 世界中で誰でも送金し合える通貨・仮想通貨

　仮想通貨とは、インターネット上で使える法的な裏付けのない無国籍の通貨です。インターネット上の取引所に口座を開けば、国境も関係なく世界中で資金を送ったり受け取ったりできます。**銀行口座がない人でも、ネット環境さえあれば、世界中に送金できます。**

　現在、その代表格はビットコイン。私たち利用者にとって、ビットコインには以下のようなメリットがあります。

①海外送金コストが格安

　海外送金の手数料は、銀行の場合、数千円かかりますが、ビットコインならもっと安くて済むとされています（ただし、送金急増や相場高騰により送金手数料が高くなるケースが出てきました）。しかも、土日も年末年始も関係なく、ほぼリアルタイムで送ることができます。

②個人・企業間で直接受け渡しできる

　一般的な通貨を送金する場合、金融機関の仲介が必要ですが、ビットコインは個人・企業間で直に支払ったり受け取ったりすること

ができます。2017年12月現在、国内のビットコイン取扱店は１万店を超えており、今後も急拡大が見込まれます。

③積極的に差益を狙える

ビットコインは、為替レートや株価などと同じように、買いたい人と売りたい人の需給バランスで値動きします。ビットコイン取引所を通してリアルタイム価格でいつでも売買できるため、積極的に差益を狙えるのです。取引所によっては証拠金取引も行えますから、ＦＸ（外国為替証拠金取引）とよく似ていますね。ただし、後述するように価格変動リスクが非常に大きいことに注意が必要です。

ちなみに、デジタルデータの通貨というと電子マネーと似ている気もしてきますが、電子マネーはあくまで円の現金の代替物。価格が変動することはありませんし、海外で使ったり個人間でお金をやり取りすることもできません。

▶ 仮想通貨を支える新技術「ブロックチェーン」

ビットコインは、米ドルや日本円などのように国や中央銀行、金融機関が発行・管理している通貨ではありません。安全性が疑問視されそうですが、今のところ、問題なくインターネット上でデジタル通貨のやりとりができています。これには「**ブロックチェーン**」と呼ばれる新技術が関わっています。

ブロックチェーンとは、世界中に散らばった複数のコンピュータがインターネット上でお互いに監視し合いながら、取引記録を共有する仕組みのこと。一定期間の取引データを「ブロック」としてまとめ、これを「チェーン」のようにつなげて管理するため、この名

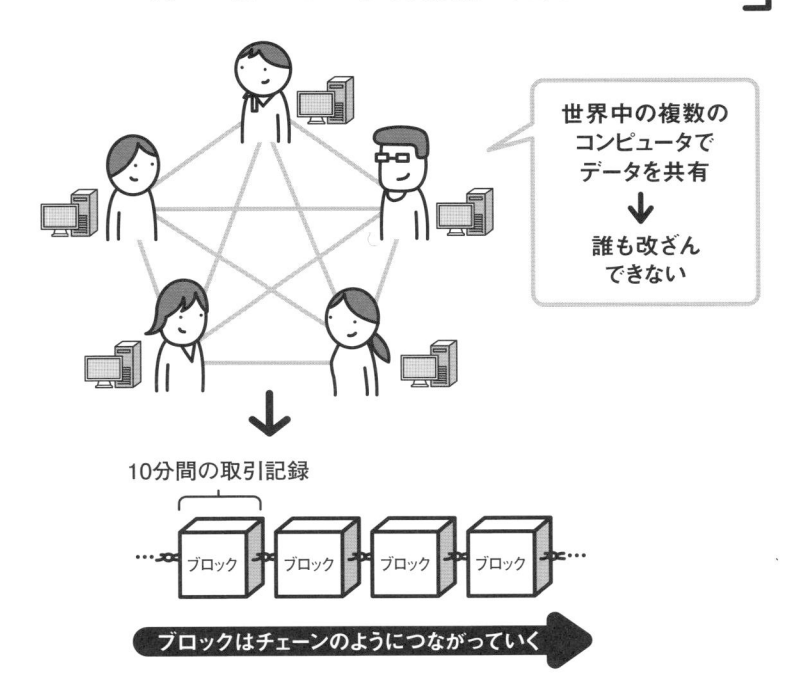

約10分ごとに取引情報を記録

世界中の複数の
コンピュータで
データを共有
↓
誰も改ざん
できない

10分間の取引記録

ブロック ブロック ブロック ブロック

ブロックはチェーンのようにつながっていく

前がつきました。

　ここでは専門的な技術の話は省きますが、ビットコインの取引履歴はすべて暗号化されて、その暗号を解く「鍵」が存在します。そして、世界中のマイナー（採掘者）と呼ばれる参加者がコンピュータを使って鍵を競い合って探しています。鍵を見つけてブロックを生成した人は、成功報酬として1回あたり「12.5BTC」のビットコインが受け取れます（2017年12月現在、1BTC＝約160万円なので約2000万円）。

　ビットコインではこのようなブロックの生成が約10分ごとに繰り返されていて、過去から現在まですべての取引が記録され、公開

されています。世界中のコンピュータ同士が取引記録を相互認証しているため、誰も偽造や改ざんができないといわれています。

つまり、これまでの法定通貨（金銭債務の弁済手段として用いる法的効力のある通貨）が国などによって守られているように、成功報酬目当てに集まった参加者によって正しいブロックチェーンがつくられるかたちで、ビットコインの安全性が保たれているというわけです。

2017年12月現在、最も時価総額が大きい仮想通貨はビットコインですが、それ以外にも世界で1000種類以上の仮想通貨が発行されているといわれています。時価総額ランキングは右の図のとおりです。

▶「無国籍通貨」が既存の通貨に与える影響は？

米ドルや日本円などの法定通貨と仮想通貨の根本的な違いは、法定通貨は国や中央銀行が発行主体でその管理下にあるのに対し、仮想通貨は発行主体がないことです。特定の国や中央銀行の支配下にないため、「無国籍通貨」とも呼ばれています。

ビットコインが最初に脚光を浴びたのは2013年春、地中海の島国キプロスの財政危機でした。ＩＭＦ（国際通貨基金→P150）による財政支援の条件が銀行預金の封鎖・課税だったため、国内で取り付け騒ぎが発生。このとき、あらかじめ自国通貨（ユーロ）をビットコインに換えていた人は難を逃れることができたのです。

この際、ユーロの信用力が低下し、欧州でビットコインの人気が急上昇。価格急騰につながりました。年初には1BTC＝20ドル（約2200円）に満たない価格でしたが、2013年3月には200ドル（約

仮想通貨の時価総額ランキング

順位	名称	時価総額	通貨の量
1	Bitcoin（ビットコイン）	約1659億ドル （約18兆2490億円）	約1671万BTC
2	Ethereum（イーサリアム）	約418億ドル （約4兆5980億円）	約9605万ETH
3	Bitcoin Cash （ビットコイン・キャッシュ）	約225億ドル （約2兆4750億円）	約1683万BCH
4	Ripple（リップル）	約95億ドル （約1兆450億円）	約386億XRP
5	Dash（ダッシュ）	約61億ドル （約6710億円）	約772万DASH

（2017年12月1日現在）

2万2000円）を超えています。

　さらに同時期、中国でも人民元安を背景に、資金を人民元からビットコインに移す流れが加速しました。中国では国境を越える資金移動を厳しく規制しているため、政府に把握されない資産としてビットコインが注目されたのです。そのため、2013年12月には1BTC＝1100ドル（約12万1000円）を超えるまで上昇。しかし、中国政府が資本流出を防ぐ目的で、金融機関によるビットコインの取引を禁止したため、価格が大きく下落しました。

　その後も、経済・金融危機やテロなどの有事、新たな規制などが起こるたびにビットコインは激しい値動きを繰り返しています。この値動きの大きさから、激しい投機の対象になっています。

　ビットコインの売買は8割以上を中国市場が占めているといわれていましたが、最近では日本のマネーが売買のかなりを占めています。さらに、2017年12月には米国の先物取引所にビットコイン先物が

上場されたことにより、米国のヘッジファンドも参入してきています。このころ、ビットコインは1日で約3割の暴落を記録しました。

▶ 各国の中央銀行は電子通貨の発行を検討し始めている

こうしたなか、各国の中央銀行は、法的な裏付けのある電子通貨（デジタル通貨）の発行を検討し始めています。ビットコインをはじめとする仮想通貨がグローバルに流通し始めたため、いずれ自国通貨のシェアが減少し、金融政策が効かなくなることを懸念した面もありそうです。

ＢＩＳ（国際決済銀行）のレポート『デジタル通貨』（2015年11月）でも、仮想通貨の経済圏が広がると、中央銀行の役割を損なったり、通貨発行益の減少に伴って中央銀行の収益が減少したりする可能性があると分析しています。

通貨発行益とは、中央銀行が無利子、低コストで通貨を発行できることによって得られるシニョレッジ（鋳造・印刷した通貨の額面と原価の差額で、発行者が取得する収益）のこと。自国の法定通貨に代わって仮想通貨が広く普及すると、通貨の発行高が減少し中央銀行のバランスシートに悪影響が出る可能性があると指摘されています。

このため、仮想通貨が広く普及してくると、各国中央銀行は自らデジタル通貨を発行し、自国通貨の利便性を高めて、そうした仮想通貨に対抗する必要性に迫られるわけです。

▶ 日本の民間銀行は仮想通貨発行へ

この間、日本の民間銀行は仮想通貨の発行を計画しています。銀行が自ら仮想通貨を発行すると、送金などで得られる手数料収入が

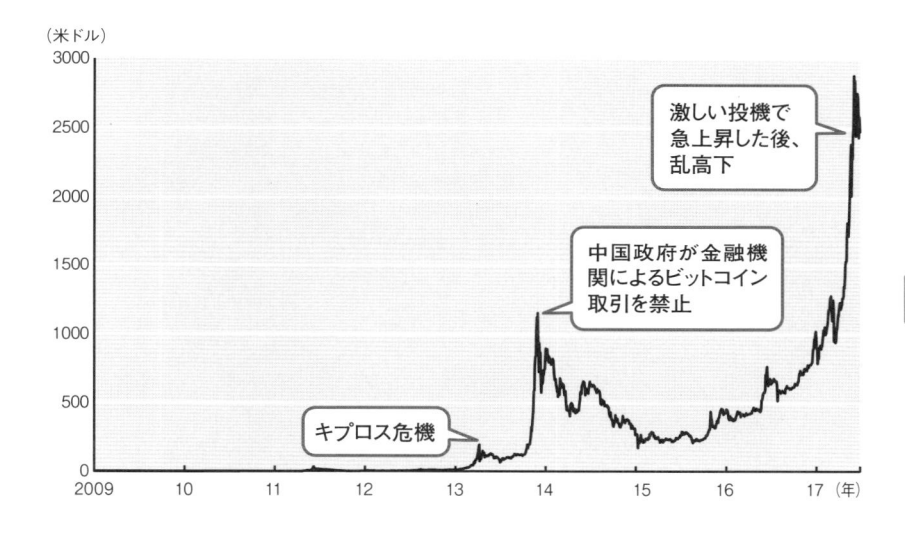

ビットコインの相場は値動きが激しい

（米ドル）

- 激しい投機で急上昇した後、乱高下
- 中国政府が金融機関によるビットコイン取引を禁止
- キプロス危機

2009　10　11　12　13　14　15　16　17（年）

　減ってしまいますが、このまま何もしなければ、決済サービスを別の仮想通貨やスマホ決済「アリペイ」「アップルペイ」などにもっていかれかねないという危機感があるからです。

　たとえば、みずほフィナンシャルグループやゆうちょ銀行、数十の地銀は、円と等価交換できる仮想通貨「Jコイン（仮称）」を2020年までに発行することを予定しています。その仕組みは、スマホの専用アプリを通して自分の銀行口座から円を引き出してJコインに換えるというもの。買い物の支払いや、個人・自営業者・企業などあらゆる主体の間で直接送金に使えます（個人間の手数料はゼロ）。

　国内銀行の取り扱いがスタートすれば、仮想通貨は一気に私たちの生活の中に広がっていくことでしょう。通貨という概念が大きく変わる日は、もうすぐそこのようですね。

Part 7

為替相場の
動きの法則と
読み方・考え方

年間の方向感を探る材料に なるドル／円相場の「1月効果」

ドル／円相場は1月の方向性と年間を通しての方向性が一致することが かなり多いという経験則。ドル預金を始めるときなどに参考になることも。

▶ 1月効果説の的中率は43年間で約7割

「1月の為替相場の動きをみれば、その年の相場動向が読み取れる」

　これがドル／円相場の「1月効果」という経験則です。米国の株価にも同様の経験則があります。

　もちろん相場の世界ですから100％ではありませんが、過去はかなり高い確率でそうなっていました。これは短期売買を繰り返すプロの為替ディーラーよりも、むしろ期間1年程度のドル定期預金をする一般の人などに参考になる経験則といえます。

　例として、2013年のドル／円相場を振り返ってみましょう。

　日本銀行（日銀）が発表している東京市場のデータをみると、1月第1営業日の寄付（9時時点のレート）は87円72銭、1月最終営業日の終値（17時時点のレート）は90円92銭でした。ここから1月は円安・ドル高の方向に動いたことがわかります。

　次に、12月のデータをみると、最終営業日の終値は105円37銭でした。1月第1営業日のスタートだった87円72銭と比べると、途中の紆余曲折はともかく、2013年全体の相場もまた、円安・ドル高の方向に動いていたことがわかります。前年の12月には第

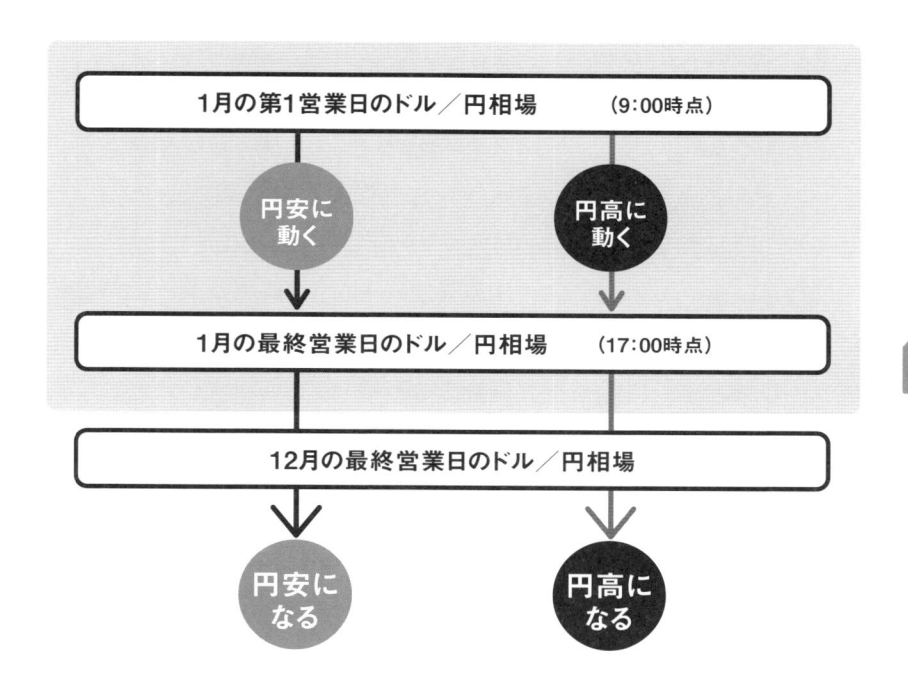

ドル／円相場の1月効果とは？

1月の第1営業日のドル／円相場		（9:00時点）

円安に動く　　　　　　円高に動く

1月の最終営業日のドル／円相場		（17:00時点）

12月の最終営業日のドル／円相場	

円安になる　　　　　　円高になる

２次安倍内閣が発足して「アベノミクス」がスタート。13年4月には黒田東彦総裁率いる日銀がいわゆる「異次元緩和」を決定したため、円安・株高の流れが明確に出た年です。

日本が変動相場制に移行した後の1974〜2017年まで44年間のデータでみると、1月効果があてはまった年は31、あてはまらなかった年は13で、的中率は70.5％です。

ドル預金は、預けたときよりも相場が円安・ドル高の方向に進むと、満期時に為替差益が得られます。逆に、1月に円高・ドル安の方向に動いた年は、1月効果によればドル預金を作っても不利な相場展開になる可能性が高いというわけです。

▶ 近年は「不確実性」が増大して「1月効果」は的中率低下

なぜ、「1月効果」のようなことが起きるのでしょうか。

なかには、「市場参加者はみんなこの経験則を知っていて、そうなることを前提に動こうとするから自然とあてはまる年が増えていく」と考える人もいます。「卵が先かニワトリが先か」みたいな話ですが、たしかに投資家心理としてそれもあるかもしれません。

しかし、最も有力なのは、**1月スタート・12月エンドという暦年（カレンダーイヤー）を基準にして動いている海外の機関投資家の年間シナリオとそれに沿った売買動向を反映している**という説です。

日本人がまだおとそ気分でいる1月初めに、クリスマス休暇を十分に楽しんだ欧米の機関投資家は新年の資金運用に取り組み始めます。1月は、彼らが年間のシナリオ（経済環境や相場・金利予想）をもとにしてポジション（持ち高→P196）をつくり始める時期です。彼らの動きが年間を通した相場の方向感に、大きな影響力をもつという見方です。

ところが、1月効果があてはまらなかった年もあります。そして、そうしたことが近年かなり多くなっています。何か理由があるのでしょうか。

あてはまらなかったのは、1975年、1978年、1985年、1995年、1999年、2002年、2007年、2009年、2011年、2012年、2014年、2015年、2016年です。

あてはまらなかった年のうち、2007年まで7回を見ると、1978年を除く6回は年の途中で為替相場のそれまでのトレンド（方向性）を大きく変える出来事がありました。たとえば、1985年はプラザ合意、1995年は1ドル＝80円割れと日米両政府によ

過去43年間でみたドル／円相場の1月効果の有無

年	1月寄付	1月終値	12月終値	1月効果	主な出来事
1974	279.99〜280.00	298.40〜299.15	300.50〜300.97	○	―
1975	300.95〜300.99	297.60〜298.40	305.15	×	ベトナム戦争終結
1976	305.50	303.65〜303.87	293.00	○	
1977	292.80	288.25	240.00	○	
1978	237.90	241.74	195.10	×	
1979	197.00	201.40	239.90	○	ソ連アフガン侵攻、第2次石油危機
1980	239.00	238.80	203.60	○	
1981	202.80	205.20	220.25	○	米国レーガン政権発足
1982	219.80	228.45	235.30	○	―
1983	230.40	238.40	232.00	○	―
1984	233.60	234.74	251.58	○	―
1985	252.50	254.78	200.60	×	プラザ合意
1986	202.95	19265	160.10	○	―
1987	158.30	152.30	122.00	○	ルーブル合意、ブラックマンデー
1988	120.45	127.18	125.90	○	
1989	123.98	129.13	143.40	○	ベルリンの壁崩壊
1990	145.55	144.40	135.40	○	イラクのクウェート侵攻
1991	132.90	131.40	125.25	○	湾岸戦争、ソ連崩壊
1992	124.03	125.78	124.65	○	英ポンド危機
1993	124.86	124.30	111.89	○	米国クリントン政権発足
1994	112.78	109.55	99.83	○	―
1995	100.88	98.58	102.91	×	超円高、日米ドル買い協調介入
1996	104.64	106.92	115.98	○	―
1997	116.87	122.13	129.92	○	アジア通貨危機
1998	132.09	127.34	115.20	○	ロシアルーブル危機
1999	112.79	116.98	102.08	×	外国人の日本株買い目立つ
2000	100.72	106.90	114.90	○	米国ブッシュ政権発足・ITバブル崩壊、日銀ゼロ金利解除
2001	113.87	116.38	131.47	○	日銀量的緩和、米国同時多発テロ
2002	131.74	132.94	119.37	×	米国不正会計疑惑、日本国債格下げ
2003	119.76	119.21	106.97	○	イラク戦争、外国人の日本株買い目立つ
2004	106.96	105.88	103.78	○	ブッシュ大統領再選

年	1月寄付	1月終値	12月終値	1月効果	主な出来事
2005	102.76	103.58	117.48	○	中国人民元切り上げ
2006	115.97	117.18	118.92	○	FRB議長交代
2007	119.37	121.34	113.12	×	米国サブプライムローン危機
2008	109.52	106.63	90.28	○	世界景気後退、原油価格急反落
2009	92.09	89.51	92.13	×	米国オバマ政権発足
2010	92.76	90.19	81.51	○	ギリシャ財政危機
2011	81.68	82.04	77.57	×	ユーロ危機深刻化
2012	76.74	76.30	86.32	×	オバマ大統領再選、アベノミクススタート
2013	87.72	90.92	105.37	○	日銀総裁交代、異次元緩和導入
2014	104.92	102.49	119.80	×	消費税が8％に
2015	120.41	117.90	120.42	×	中国人民元切り下げ
2016	120.32	120.63	117.11	×	日銀マイナス金利、トランプ当選
2017	117.65	113.53	112.65	○	北朝鮮リスク

るドル買いの協調介入、2007年は米国の住宅バブル崩壊（サブプライムローン問題）です。そうした年は、欧米の機関投資家も途中で相場観（相場の見方）を変えざるをえず、為替相場は1月とは違った方向へ動いたのです。

　また、2009年以降の8年間は「2勝6敗」という惨憺たる成績です。そのキーワードは「不確実性」です。この単語は各国の中央銀行総裁などが合言葉のようによく口にします。

　2008年9月の「リーマンショック」で未曾有の金融危機に直面した世界経済は、その後の「政策総動員」でとりあえずV字回復したものの、前例のない大規模な金融緩和をどのように終息させるのか、欧州統合はどうなるのか、グローバル化の流れはこのまま進むのかなど、どうなるかの確率を置きにくい不透明な材料が山積しており、年間のシナリオを描きにくくなっています。年の途中でそれまでの流れをひっくり返す出来事が非常に起こりやすくなっているわけで、為替相場はまだ「平時」に戻っていないとも言えそうですね。

為替相場は
テーマで動く

為替相場は、その時々で最も注目されているテーマに大きく影響される。テーマがわかれば、相場の先行きが読みやすくなる。

▶ 市場が何に注目しているかをつかむことが大切

「プロが行う投資は、美人投票のようなもの」

英国の著名な経済学者であるケインズはこう解説しました。ここでいう美人投票とは、女性100人の写真をみせて最も美しいと思う人に投票してもらい、見事1位になった写真に投票した人には賞品が与えられるというコンテストです。

商品をもらうために、人々は自分の好みではなく、できるだけ多くの人が一番の美人だとして選びそうな女性の写真に投票します。

この美人投票と為替相場の動きは、どこが似ているのでしょうか。それは、どちらも勝負に勝つために、自分の考えをただ押し通すのではなく、他の多くの参加者がどのように考えて行動するかを推測した上で投票（売買）するのが重要だという点です。

市場の多数意見を推測するには、**市場がいま何に注目しているか**、つまり市場の「**テーマ**」をつかむことが大切です。テーマはその時々の環境に応じて変わっていきますが、このテーマがわかっていれば、余計な情報に惑わされず、相場が読みやすくなります。

たとえば、1980年代後半には、「米国の貿易収支」を最大のテ

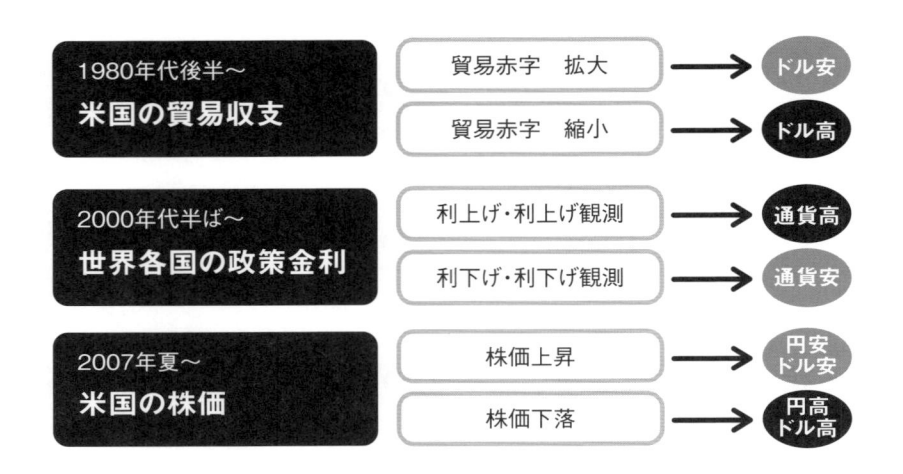

為替市場のテーマの変遷

1980年代後半〜 米国の貿易収支	貿易赤字　拡大 → ドル安
	貿易赤字　縮小 → ドル高
2000年代半ば〜 世界各国の政策金利	利上げ・利上げ観測 → 通貨高
	利下げ・利下げ観測 → 通貨安
2007年夏〜 米国の株価	株価上昇 → 円安ドル安
	株価下落 → 円高ドル高

ーマして、為替相場は動いていました。米国の輸入額が輸出額よりも多くなっていき、貿易収支の赤字が膨らむということは、米国が輸入した製品やサービスの代金であるドルが、貿易取引を通じて世界中にばらまかれ続け、過剰供給になって下落する、そして政治的には貿易摩擦が起きやすくなるという発想からです。

　ドルが過剰に供給されるならば、需要と供給の関係に沿って、ドル相場は下落するはずです。そして、そうした貿易面での不均衡を是正しようと、1985年のプラザ合意のように、協調介入によってドル安に誘導しようとする動きなどが出てこないともかぎりません。

　当時、筆者は為替ディーラーでしたが、米国の貿易収支はまさに最重要の経済指標で、その結果が為替相場に大きな影響を及ぼしていました。そのため毎月1回、この指標が発表される日は、日本時間の22時30分（米国が夏時間の場合は21時30分）の発表時間以降まで、必ず会社に残っていたものです。

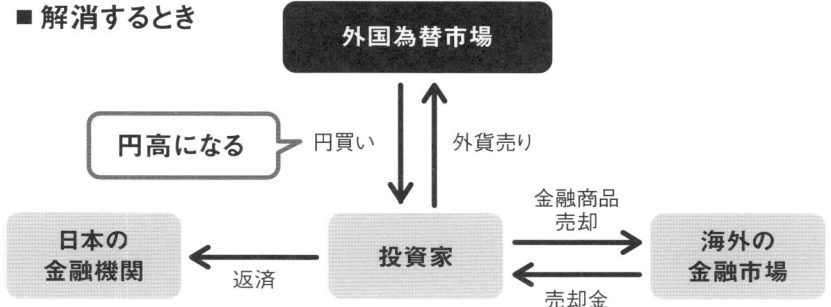

円キャリートレードのしくみ

外国為替市場

外貨買い　円売り　円安になる

低金利で貸出

日本の金融機関 ← 利払い → **投資家** → 運用 → **海外の金融市場** ← 収益

■ 解消するとき

外国為替市場

円高になる　円買い　外貨売り

日本の金融機関 ← 返済 **投資家** 金融商品売却 → **海外の金融市場** ← 売却金

▶ 円キャリートレードが隆盛になり金利差が注目される

　2000年代半ばからは、「各国の金融政策動向」が主要なテーマに浮上しました。「利上げ・利上げ観測」はその国の通貨の買い材料、「利下げ・利下げ観測」はその国の通貨の売り材料となります。

　その背景には、「**キャリートレード**」の隆盛がありました。これは、超低金利の通貨（円やスイスフラン）で資金を借りてきて、為替市場でユーロなどの高金利通貨に換えて運用することで、金利差を稼

ごうとする取引のことです。前ページ上の図のように、円を借りて
きて運用することを「**円キャリートレード**」といいます。このとき、
円を用いたキャリートレードが世界中で行われ続けたため、円安が
大きく進みました。しかし、キャリートレードは一種のバブルでし
た。2007年の米国の住宅バブル崩壊以降、多額の損失を被った彼
らは、市場でリスクをとれなくなり、保有するポジション（売った
り買ったりしている状況の多寡のこと。「持ち高」ともいう）を縮
小する必要に迫られ、借りた円を返済するために、急激な円の買い
戻しに動きました。こうした「**円キャリートレードの解消**」が加速
した結果として、多くの通貨に対して円高が急激に進みました。

▶ 米国の株価が「リスクオン」「リスクオフ」のものさし

　市場では近年、「**リスクオン**」「**リスクオフ**」という言葉が頻繁に
使われています。

　米国では2006年頃から住宅バブルが変調し、2007年には完
全に崩壊。米国や欧州の金融機関の経営不安、世界経済の急激な悪
化が進みました。株価は大きく下落し、世界中の機関投資家が大き
な損失を出しました。

　こうなると、機関投資家は体力が低下し、運用でリスクがとれな
くなります。このため、リスクが小さい国債が「**質への逃避**」で買
い進まれるとともに、それまで膨らませていた株式や為替や原油先
物などの買いポジションを解消して、抱えているリスクの総量を縮
小する動きが活発になりました。こうした**リスク回避志向が強まっ
た状態を「リスクオフ」**と言います。

　為替市場ではこのとき、次の2つの大きな動きが起こりました。
①円キャリートレードの解消にともなう円の買い戻し

②米国の機関投資家が欧州や日本、新興諸国などで投資していた資産を売却してドルに戻し、それを本国に送金するリパトリエーション（略して**リパトリ**という）

　①と②のような動きから、**円とドルは、機関投資家がリスクを縮小しようとする際に買われる「逃避通貨」という位置づけになっているのです。**

　一方、ニューヨークダウ工業株30種平均などが史上最高値を更新した2017年のように、世界の株式市場の中心である米国の株価が値上がりしてくると、機関投資家の運用面での損失が縮小し、再びリスクをとる体力的な余裕が生まれてきます。こうした**リスクテイク志向が強まっている状態を「リスクオン」**と言います。

　以上を整理すると、パターンは以下の2つになります。
①**米国の株価が上昇すると「リスクオン」**（株高・債券安、為替は円安およびドル安）
　機関投資家がリスクをとる力が増す→円やドルを売って高金利通貨などを買う（円安、ドル安に作用）
②**米国の株価が下落すると「リスクオフ」**（株安・債券高、為替は円高およびドル高）
　機関投資家がリスクをとる力が減る→円やドルを買って高金利通貨などを売る（円高、ドル高に作用）

　では、「リスクオフ」の場面で、ドル／円相場では、円高とドル高の、どちらの力が強いのでしょうか。綱引き状態でボックス圏というのが2017年にも見られた動き方ですが、最終的には円高の力

リスクオンとリスクオフ

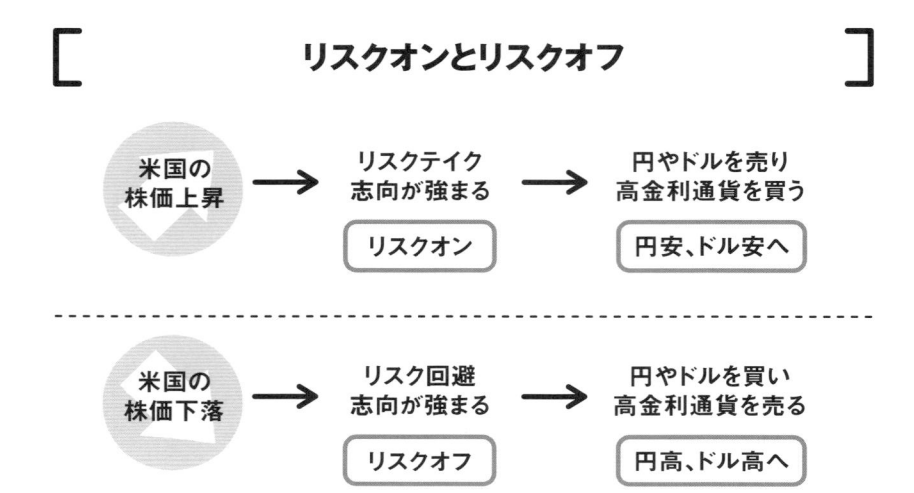

が勝るだろうと、筆者はみています。日銀が大量に買い入れていることもあって日本の国債市場が超安定状態にあるほか、政治的に安定していることも理由です。

　そして近年は、為替のテーマは再び「**各国の金融政策の動向**」になっています。わかりやすく言えば、金融政策の「ベクトル（方向感）」です。利上げ・利下げやそれらの観測が為替に及ぼす影響はすでに述べた通りですが、2000年代後半の金融危機以降は、金利の世界を超えて、量的緩和をしている先進国の中央銀行が多くなっています。これについては、「量的緩和の縮小」はその国の通貨の買い材料、「量的緩和の拡大」はその国の通貨の売り材料というわけです。

　日銀は、達成が極めて困難な「物価安定の目標」2％を掲げたまま、事実上エンドレスの金融緩和を行っており、ベクトルが緩和方向に固定されています。このため、米国やユーロ圏など海外の中央銀行の金融政策がどうなるかが、為替への影響では非常に重要です。

米国大統領選の年は
ドル高になる？

実効為替レートでみると、ほぼすべての年にドル高になっている。ただ最近では、大統領選がドル相場を決めると考える人は少なくなった。

▶ ドル／円相場にはあてはまらない

「4年に1度、11月に行われる米国大統領選挙の年はドル高」といわれることがあります。その理由として、

①大統領選挙の年には、そのときの大統領が選挙を意識して強い米国を国民に印象づけようとするので、ドル高になりやすい。

②選挙のある年に向けて、大統領が景気浮揚を狙った経済政策をとることから経済成長率が高くなって、ドルは買われやすい。

といった説明がされています。

　その背景には、為替相場における自国通貨の状況は国力を象徴しているという考え方があります。はたして、これは本当でしょうか。もし本当なら、大統領選挙の年は年初にドル預金などを行う絶好のチャンスとなります。

　1976年から2016年まで、大統領選挙があった年のドル／円相場を確認してみましょう。

　1月第1営業日の寄付（9時時点のレート）と12月最終営業日の終値（17時時点のレート）を比べてみた場合、円安・ドル高に

なったのは1984年、1988年、1992年、1996年、2000年、2012年の6回。円高・ドル安になったのは1976年、1980年、2004年、2008年、2016年の5回でした。これでは、はっきりした傾向があるとはいえません。

▶ ドルの実効為替レートでは圧倒的にドル高の年が多い

ところが、さまざまな通貨に対するドルの強弱を示す「ドルの実効為替レート」をみると、結果はまったく異なります（実効為替レート→P175）。

FRB（米国連邦準備制度理事会）がホームページで発表している主要通貨に対するドルの名目実効為替レートでみてみると、ドル高になったのは1976年、1980年、1984年、1988年、1992年、1996年、2000年、2008年、2012年、2016年の10回。ドル安になったのは、なんと2004年の1回だけです（右の図）。

このように、ドル／円相場ではなく実効為替レートで見た場合には、「米国大統領選の年はドル高」という見方が、たしかに事実に沿っていることがわかります。

▶ 最近はそうした考えはあまり聞かれなくなった

もっとも金融危機を経た近年では、「米国大統領選の年はドル高」という見方が市場で聞かれたり、そうした考えに基づいてポジションがつくられたりする機会は、めっきり減ったように感じます。

なぜなら、米国のトランプ大統領が保護主義的な政策を志向していることからもわかるように、ドルが強いことは競争条件の悪化を通じて米国の輸出を伸びにくくする一方、ドルの購買力が増すことを通じて輸入を増やしてしまい、米国の製造業には不利だからです。

米国大統領選挙の年のドル相場

大統領選の年	選出された大統領	ドルの名目実効為替レート
1976	ジミー・カーター	ドル高
1980	ロナルド・レーガン	ドル高
1984	ロナルド・レーガン	ドル高
1988	ジョージ・H・W・ブッシュ	ドル高
1992	ビル・クリントン	ドル高
1996	ビル・クリントン	ドル高
2000	ジョージ・W・ブッシュ	ドル高
2004	ジョージ・W・ブッシュ	ドル安
2008	バラク・オバマ	ドル高
2012	バラク・オバマ	ドル高
2016	ドナルド・トランプ	ドル高

　言い換えると、昔の米国の政権は、国力の象徴としてドルの上昇を歓迎したりしていましたが、金融危機を経た近年ではドル高が米国の経済に及ぼすデメリットに目が向いているのです。というより、経済政策に行き詰まり感・出尽くし感があるなかで、米国のみならずユーロ圏も日本も、自国通貨が弱めであることを暗黙のうちによしとしているのです。

　ジョージ・W・ブッシュ大統領が再選を果たした2004年は、すでに述べたようにドル高ではなく、ドル安になりました。また、2008年に民主党のオバマ候補が共和党のマケイン候補に圧勝した際は、たしかにドル高にはなりましたが、それはすでに説明したような理由からではありませんでした。ドルが上昇したのは、196ページで説明した通り、投資家のリスク回避志向の強まりから「リパトリエーション」が活発になったことが主因です。

　結局、ドルへの投資を考える際には、経験則を参考にしつつも、市場のテーマと実際の相場状況をじっくり見極めることが大切です。

ドル暴落説は信用できる?

基軸通貨ドルの信認が低下しても、ドルに代わって受け皿となる他の通貨がなく、マネーの最終的な行き場は結局ドルしかない。

▶ ドル暴落説の根拠を考えてみる

　経済関係の本のタイトルで以前ときどきみかけたのが「**ドル暴落**」。最近は下火になったようですが、日本人は昔から「ドル暴落説」に関心があるようです。極端な説ですが、暴落という言葉にはインパクトがあります。

　そうしたドル暴落説の根拠は、

①米国の財政赤字が拡大していく中で、いずれ信認が低下して、ドルは暴落する。

②住宅バブルという巨大なバブルの崩壊とその後の経済政策の手詰まり感から、米国経済は日本のような長期不況に陥り、ドルはいずれ暴落する。

といったもののようです。

　極端な説に接したとき、頭から信じ込んでしまうのは賢明とはいえません。よい意味での懐疑心をもって、一歩先のことを考え、正しいか否かを判断する姿勢が大切です。

　ではそもそも、「暴落」とはどのような状況をいうのでしょうか。

何らかの投資判断材料が出てドル相場が大幅に下がるということは、これまでも何度か起こりました。

　たとえば、1995年の超円高局面では、ドル／円相場が1ドル＝79円75銭をつける場面がありました。米国で「リーマン・ショック」（→P216）が起きて信用不安が高まった2008年秋には、ドルが2日間で10円近くも下落しました。

　しかし、専門家の間では、これらはドルの暴落とは定義されていません。しかも後者のケースでは、投資家の**リスク回避志向の強まり（「リスクオフ」）**から、ドルはユーロなど他の主要通貨に対しては上昇していたので、実際には「ドル安」ではなく、「円高」と「ドル高」でした。

　さらに、一時的にドル相場の大幅な下落があったとしても、数日以内に押し目買い（値段が下がったところでチャンスとみて買う動き）が強まってドルが急反発することが十分考えられます。

「ドル暴落」とはどんな状況なのか、考えれば考えるほどわからなくなってしまいます。

▶ マネーがドルから逃げ出そうにも行き場がない

　暴落かどうかはともかく、信用力という面で深い傷を負ったドルが主要通貨に対して大幅に下落し、しかもなかなか反発（上昇）しない状況を想定してみましょう。

　先ほど述べたように一歩先を考えると、問題は**ドルを売った後の「マネーの行き場」**です。

　ドルが大量に売られるということは、何か別の通貨が中心的な受け皿になり、買われているはずです。

しかし、第2の基軸通貨といわれるユーロは、ギリシャなどの財政危機におけるＥＵ各国の政策運営のまずさや、政治・経済システムの弱点からみて、そうした資金の受け皿になるだけの資格はまだなさそうです。

　また、仮にユーロ相場が暴騰すると、通貨高で輸出が難しくなり、ＥＵの中心国ドイツなど輸出依存度の高いＥＵ諸国の経済が大きなダメージを受けます。そうなれば、結局のところ、ユーロは売られてしまいます。

　円はどうでしょうか。短期的には、すでに述べたように「逃避通貨」としての地位を確立しています。ですが、米国にとって代われるほどの力は日本にはありません。人口減・少子高齢化が続くなか、長期的には日本の国内需要が減少方向にあり、経済の先行きが厳しい国です。長期にわたる持続的な世界中の投資マネーの受け皿にはなり得ないでしょう。

　また、日本の各種金融市場の規模は、米国に比べると小さすぎます。さらに、輸出や海外収益に依存している日本経済は、たとえば１ドル＝50円といった円高になってしまうと、耐えられないでしょう。

　スイスフランや金についても、市場規模が小さいという大きな問題があります。

　中国の人民元は、完全な変動相場制には移行しておらず、投資先としての制約も多すぎます。

　このように考えると、**マネーがドルから大量に逃げ出そうとしても、実際は行き場がない**ことがわかります。したがって、「ドル暴落説」からは距離を置いたほうがよいでしょう。

市場介入の影響力には限界がある

巨大な為替市場に通貨当局が介入するのはなかなか難しい判断。一時的に相場を動かすことができても、意図した相場を長く形成するにはいたらない。

▶ 介入を繰り返すと効果が薄れていく

139ページで説明したように、通貨当局（政府・中央銀行）の「市場介入」は国の重要な為替政策ツールの1つであり、実行されれば為替相場に影響を与えますが、相場を大きく動かし続けたケースは少ないのが実情です。

というのも、外国為替市場全体の売買規模はあまりに大きく、一般的な介入の規模では、いわば「大海の一滴」ほどの影響しか与えることができないからです。

実際の売買をともなう市場介入（「実弾介入」ともいう）の目的には、次の2種類があります。

①スムージングオペレーション（スムージングオペ）

②為替相場を特定の水準に封じ込める目的で行う介入（いわゆる水準介入）

①のスムージングオペは、相場が1つの方向に急激に動いたり乱高下したりして、市場参加者の不安心理が高まっているような場合に、そのような動きを沈静化させる目的で行われます。

ある財務官（為替を含む国際問題を担当する財務省の次官クラス）OBは、スムージングオペの効果について、「市場が酔っ払っているときに、頭から水をかけてやれば、目が覚める」と説明したことがあります。

　ただし、サプライズになるのは初回かぎり。2回目、3回目と繰り返されるうちに市場は慣れてしまい、効果は確実に薄れていきます。

　近年のG7共同声明の中では、

「為替レートの過度の変動や無秩序な動きは、経済および金融の安定に対して悪影響を与える」（2009年4月のワシントンG7）

というように、為替市場に介入することができる場合の条件が明示されています（一種の紳士協定）。こうした共同声明に沿って、実際に行われる市場介入がスムージングオペです。

▶ 人為的な相場をつくっても長続きしない

　一方、相場を特定の水準に封じ込める、②の水準介入はどうでしょうか。

　管理変動相場制をとっている中国（→P121）の上海外国為替市場のように、市場参加者がごく限られている場合には有効ですが、一般には巨額の介入をし続ける「物量作戦」が必要になるため、そうやすやすとはできません。

　日本でも、物量作戦による巨額介入が実行された時期がありました。2003年1月〜2004年3月まで、当時の溝口善兵衛財務官（現島根県知事）は、円高の進行を阻止するため、合計で35兆2564億円もの巨額の円売り・ドル買い、円売り・ユーロ買い介入を行いました。輸出企業の業績悪化による景気悪化などを恐れ、しゃにむに円売りを続けたのです。

市場介入の2つの目的

① 大幅に乱高下する相場 →介入→ ゆるやかな相場

② 一方向に進みすぎる相場 →介入→ 特定の水準に封じ込める

　日本の国家予算（一般会計）は2003年度当初予算で81兆7891億円だったので、それと比較すると4割以上にもなり、この円売り介入（外国為替資金特別会計で実施される）がいかに大きな金額だったかがわかります。特定の相場水準を意識した為替介入は、続ければ続けるほどなかなかやめられなくなり、そのための資金もかさむのです。

　しかし、為替市場ではこうした人為的な相場形成は長くは続きません。日本の強引な為替政策が欧米から批判を浴びたのか、2003年9月のドバイG7の頃から当局の介入姿勢が弱まり、ドル／円は円高ドル安方向にレンジを大きくシフトしました。その後、195ページで説明したように、2000年代半ばには円キャリートレードが膨張し、円安が進みました。ところが、2007年以降の米国の住宅バブル崩壊と世界的な金融危機の中で、円キャリートレードのバブル的な状況は崩壊し、円の買い戻しが加速して大幅な円高になりました。

　市場のエネルギーを人為的に押さえ込んでも長続きはせず、後で大きな反動がやってくることを、こうしたエピソードは雄弁に物語っています。

為替取引はうわさで
買って、事実で売る

相場にとって重要な情報が出る前に、投資家はその予想をもとに先回りして売買する。実際の結果が予想と違えば、相場は大きく動く。

▶ 予想が出たときに買っておいたほうが
　得なケースが多い

「**うわさで買って、事実で売る**（Buy on the rumor, sell on the fact.）」

——これは為替取引の世界で最も有名な格言です。

どういう意味かというと、為替取引で儲けを狙う場合、「**うわさや観測報道などが流れてきた段階で買って、事実として発表された段階では売ったほうがいい**」ということ。

相場の世界はとにかく気が早く、公に事実として発表された段階ではすでに多くの人が買いを入れており、値上がりしてしまっていることが多いため、うわさやマスコミの観測報道などの段階で買っておいたほうが得策だというわけです。

たとえば、米国の雇用統計といった重要な経済指標（→P97）が発表される前には、銀行・証券などの調査機関がこぞって数字を予想し、それをマスコミが集計して市場予想の中心などを公表しています。世界中の投資家はこれを参考に通貨を売買します。

もし米国の雇用統計の結果が良いという予想が大勢になれば、実

うわさで買って、事実で売るとは？

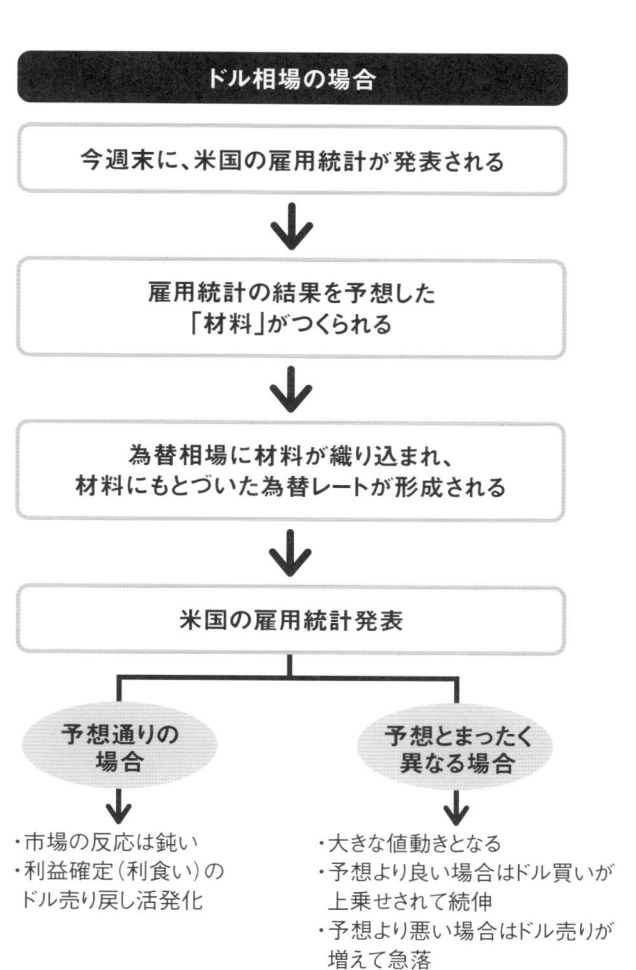

ドル相場の場合

今週末に、米国の雇用統計が発表される

↓

雇用統計の結果を予想した
「材料」がつくられる

↓

為替相場に材料が織り込まれ、
材料にもとづいた為替レートが形成される

↓

米国の雇用統計発表

予想通りの場合
・市場の反応は鈍い
・利益確定（利食い）の
　ドル売り戻し活発化

予想とまったく異なる場合
・大きな値動きとなる
・予想より良い場合はドル買いが
　上乗せされて続伸
・予想より悪い場合はドル売りが
　増えて急落

際の結果が発表される前に先回りをしてドルを買う人が増え、ドル高になります。これが「うわさで買う（ドルの買いポジションをもつ）」ということです。この状態を、**材料**（ここでは米雇用統計）が「**織り込み済みになった**」「**消化された**」といいます。

そして、実際に発表された結果が市場予想並み、ないし若干上回る結果であれば、ドル高にさらに進む可能性はあまりなく、ドルを売って利益を確定する人が優勢になることが多い。これが「事実で売る（保有しているドルを売り戻して利益を確定する）」ということです。

なお、どうしてこの格言は言い方が「うわさで売って（ドルの売りポジションをもつ）、事実で買う（ドルを買い戻して保有しているドルの売りポジションを決済して利益を確定する）」ではないのでしょうか。それは、一般の投資家が市場で新たにポジションを作る際は、まず「買いから入る（通貨や銘柄を買う）」のが普通だからです。そしてその後に利益が出ればそれを確定するために「利食い売り（買った通貨や銘柄が利益が出る状態になったので売ること）」をすることが多いので、この格言のように言われているわけです。

▶ 結果が市場予想よりも悪いと失望売りが起こる

では、発表された結果が市場予想よりもかなり悪かった場合はどうなるのでしょうか。

結果が良いという市場の予想を信じて、先回りをしてドルを買った人は、「**失望売り**」を市場に持ち込みます。ややパニック的にドルが売り戻されて、ドルの下落幅が大きくなることも考えられます。これは、発表前にドル買いポジションを作った人による損失確定（「ロスカット」）のドル売りがかさんで、ドルの下落に勢いがつきやすくなるためです。

このように為替相場は日々、さまざまな要因を織り込みながら動いています。為替相場の推移をみて、「この材料はすでに織り込み済みだ」と言えるようになったら、一人前なのかもしれませんね。

為替の世界でも影響力を増しているアルゴリズム取引とは

AIを用いた資金運用が徐々に存在感を増している。アルゴリズム取引と呼ばれる機械的な売買注文が、株価や為替相場の乱高下要因にも。

▶ アルゴリズム取引が金融市場で存在感を増している

　「**アルゴリズム取引**」という言葉をきいたことはあるでしょうか。ＮＨＫ・Ｅテレ「ピタゴラスイッチ」に出てくる、２人でやる機械のような動きの愉快な体操「アルゴリズム体操」を思い出す人もいるでしょう。

　アルゴリズムというのは、ある問題・課題を解決するための計算手順・処理手順のこと。金融市場では、一定の条件がそろったときにコンピュータから自動的に出される売買注文のプログラムを指すことが多くなっています。

　アルゴリズム取引にはいくつか種類があり、似た市場の間でわずかな価格差が生じたときにすかさず売買注文を入れてその部分から利益を得るもの（裁定取引を行うもの）や、流れつづけるスクリーン上のニュースからキーワードなどを拾い上げることによって市場の状況を分析した上で機械的に売買注文を出すものなどがあります。

　こうしたアルゴリズム取引は近年、ときに市場を大きくかく乱するようになっています。典型例が、アルゴリズム取引の一種である「**高頻度取引（ＨＦＴ）**」（１秒といった短い時間のうちに人間では

実行不可能な回数の売買注文を高速で出して収益を得る取引）などにより発生したとみられる、2010年5月6日の米国株式市場の「**フラッシュクラッシュ（瞬時の急落）**」です。わずか数分のうちに、ニューヨークダウ工業株30種平均（ＮＹダウ）が1000ドル近くも下落しましたが、これには人間の手を直接介していないＨＦＴが大きく関与していたとみられています。人間の判断ではないですから、事前に与えられた一定の条件に合致しさえすれば、急落時でも何のためらいもなしに、大量の売り注文を浴びせて相場を押し下げるわけです。

　為替市場の世界でも、「**スターリング・フラッシュ・クラッシュ**」とも呼ばれる英国のポンドの急落劇が、日本時間の2016年10月7日早朝の、取引がかなり薄い時間帯にありました（スターリングというのは、英ポンドの呼び方であるスターリング・ポンドのこと）。筆者もオフィスでスクリーンを見ていたのですが、英ポンドの対ドル相場が、たいしたニュースが出ていないのに6.1％の急落となり、31年ぶり安値に。その後、今度は急速な買い戻しが入るなど、振れが非常に大きい日になりました。この動きにもニュースなどからキーワードを拾う「アルゴリズム取引」が関与していた可能性があると指摘されています。

　囲碁、将棋などではＡＩに人間がほとんど勝てなくなり、英国の大学の研究論文ではこの先、ＡＩの進歩によって人間の職場が失われていくリスクが指摘されています。

　為替など金融市場の世界でも、人間の血が通っていない機械的な売買注文が大きな値動きを作り出すケースが、これからもっと増えていくのではないでしょうか。

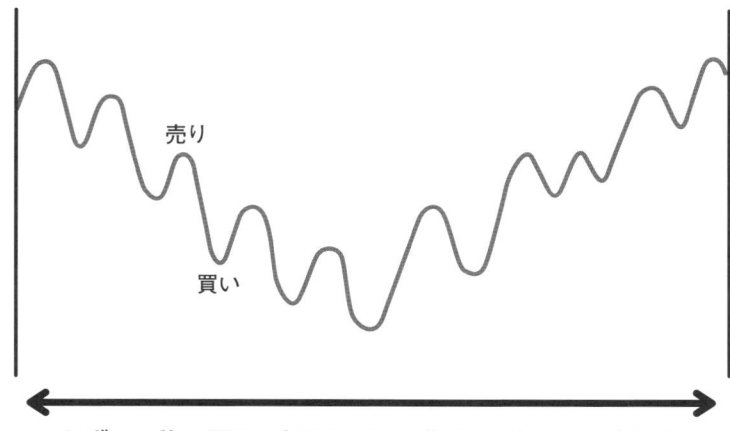

高頻度取引（HFT）のイメージ

売り

買い

わずか1秒の間に、人間には不可能な回数の売買を行う

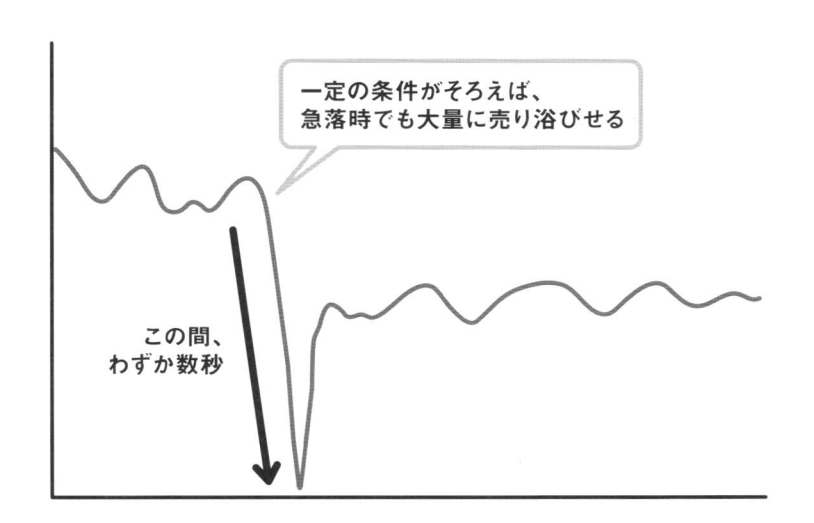

HFTによりフラッシュクラッシュが発生する

一定の条件がそろえば、
急落時でも大量に売り浴びせる

この間、
わずか数秒

米国先物市場をみれば
投機筋の動きがわかる

米国の投機筋が足元で抱く相場観をつかむ手がかりが、米国シカゴ・マーカンタイル取引所の統計。だが最近はヘッジファンドの影響力が低下。

▶ 先物取引所の建玉が相場を読むカギ

　ヘッジファンドに代表される米国など欧米の投機筋（→P119）がどのような相場観で動いているのか。これを知る手がかりとなるのが、彼らが米国の先物取引所でもっている「建玉」です。

　そもそも「先物取引」とは、取引所に上場された定型的な金融商品の売買で、派生商品（デリバティブ）の一種です。そして建玉とは、先物取引で売りまたは買いの約定（成立した売買）をしていて、まだ決済されていない取引上の単位数のことです。

　米国先物取引所の建玉で売り・買いどちらが多いかをみれば、投機筋が今後の相場をどうみているのか、方向性がわかるというわけです。

　米国商品先物取引委員会（CFTC）が毎週金曜日に、取引所および上場商品ごとのその週の火曜日時点の建玉の数字をホームページで公表しています。上場商品ごとに、商業取引（商業ベースの取引）と非商業取引（投機筋の取引）の建玉をみることができます。

　たとえば、2017年9月15日に公表された、9月12日時点の原油先物の非商業取引の建玉をみてみましょう。

米国先物市場をみて投機筋の動きを読む

投機筋(ヘッジファンドなど)の相場観

米国商品先物取引委員会(CFTC)発表の
「先物・非商業取引の建玉」をみる

たとえば……

シカゴ・マーカンタイル取引所(CME)の
円の通貨先物(非商業取引)

買い　4万642枚　＜　売り　9万7939枚

円の売り建玉が多い　(2017年9月12日)

投機筋は円安方向を予想している

　ニューヨーク・マーカンタイル取引所（NYMEX）に上場されている、世界の原油取引の指標であるウェスト・テキサス・インターミディエート（WTI）という原油先物の建玉は、買いが66万2650枚（枚というのは取引の単位、1枚は1000バレル）、売りが28万8170枚。差し引きで37万4480枚、買いのほうが多い（「買い越し」という）状況です。

　ここから、投機筋は「原油価格が目先（この先の短い期間）上昇

する」とみていることがうかがえます。

▶ 通貨先物の建玉で為替相場の方向性がわかる

シカゴ・マーカンタイル取引所（CME）では、円やユーロ、カナダドル、英ポンド、スイスフラン、オーストラリアドルなどの対ドル相場の先物も取引されています。

たとえば、円の通貨先物の非商業取引について建玉をみると、2017年9月12日時点で、買いが4万642枚（1枚は1250万円）、売りが9万7939枚で、円の売り越し。投機筋の間では「円安ドル高が目先進行するだろうという見通しが優位」であることがわかります。

2008年9月、米国大手投資銀行のリーマン・ブラザーズが予想外に経営破たん。これをきっかけに世界中で株価が暴落するなど「リスクオフ」が加速した「リーマン・ショック」という出来事がありました。

過去の経験則が当てはまらないパニック的な相場状況のなか、少なからぬヘッジファンド（→P144）が多額の損失を被りました。解約による資金流出も増えて、資産残高を減らすなかで、ヘッジファンドの動きには以前のような影響力が感じられなくなっています。

シカゴの先物市場でも、為替の建玉が一方向に大きく傾くことは少なくなり、以前に比べれば注目度は低下していると言う人もいます。

とはいえ197ページで説明したように、米国の株価が上昇してくれば投機筋はリスクをとりやすくなり、投資行動は活発になるはずです。彼らが米国の先物取引所でもっている建玉はそうした場面で、相場の方向性を判断する手掛かりとしての重みを増すでしょう。

シカゴ先物市場の注目度低下の理由

2008年9月　リーマン・ショック

ヘッジファンドなどの投機筋が
大きな損失を被り、資産残高を減らす

シカゴの先物市場で為替の建玉が
一方に大きく傾くことが少なくなった

以前に比べてシカゴ先物市場の注目度は低下

今後は……

米国の株価が上昇して投機筋が
リスクをとれるようになった場合

シカゴの先物市場の注目度は再び上がる

　ひとつ注意しなければならないのは、発表されている建玉の数字
はあくまで3日前のものであるということ。足の速いマネーが多い
投機筋の建玉は、その後の3日間で大きく変わっている可能性もあ
ります。

庶民感覚が相場のプロ
の予想に勝ることもある

日常感覚に根ざした一般の人々の予想が、プロとは反対でもたび
たび当たることがある。プロゆえに陥る相場予想のワナがあるからだ。

▶ プロよりも一般の人の判断が正しかった例

　マーケット（金融市場）を長く見続けていると、プロよりも一般の
人の判断が結果として正しかったというケースにしばしば出合います。

　なかでも印象的だったのが、1990年10月末に起こった「ワイ
ド騒ぎ」です。当時の三重野康・日本銀行総裁は、バブル景気を押
さえ込むこと（「バブルつぶし」といわれた）を目的に政策金利の
引き上げを続け、プロの間では政策金利はまだ上がるとの予想が支
配的でした。

　この影響で、利付金融債（銀行が発行する債券）で運用する金融
商品「ワイド」の利回りが年9.6％台という非常に高い水準になり、
これを買い求める長い行列が銀行の前にできました。

　「きっと金利は今がピーク。これから下がっていくだろうから、今
が最大のチャンスだ」

　人々は直感でそう判断して「ワイド」に殺到したわけです。実際
にそうなったのですから驚きです。

　また近年では、個人向け国債（固定金利5年物）の利率が上昇し
て2007年6月に1.50％になった際に、事前予想を大幅に上回る

一般の人の予想がプロに勝った例

1990年10月

ワイド騒ぎ 　一般の人々　金利は今がピーク　⟶　結果 ○

　　　　　　　プロ　　金利はまだ上がる　⟶　✕

2007年6月

個人向け国債
（固定金利5年物）
売れ行き絶好調 　一般の人々　金利は今がピーク　⟶　結果 ○

　　　　　　　プロ　　金利はまだ上がる　⟶　✕

2008年12月

**外貨ショップで
窓口に両替の列** 　一般の人々　円高から円安に変わる　⟶　結果 ○

　　　　　　　プロ　　円高はまだ進む　⟶　✕

売れ行きになるという出来事がありました。

　同年2月には、日本銀行が追加利上げをしているため、プロの間では、金利はもっと上がるだろうという見方も少なくありませんでしたが、夏以降、長期金利は急速に下がり、一般の人の見方のほうが正しかったことが証明されました。

　為替相場の関連でも同じような事例があります。

2008年12月、大手銀行の外貨ショップに夜7時の閉店間際まで外貨のトラベラーズチェック（ＴＣ）や現金を買おうと、多くの人が並びました。

　このときもやはり、「円高は今がピークだろうから、急いで外貨に換えておこう」と人々は直感でそう判断したのです。

　この月の17日、ドル／円相場は87円13銭を記録。プロの間では円キャリートレード（→Ｐ195）の解消が続き、円高がさらに進むだろうという見方が有力でした。

　ところがどうでしょう。実際には翌2009年1月に87円10銭をつける場面はあったものの、もう一段の円高は2009年11月というかなり先の話で、一般の人々の相場観の鋭さが浮き彫りになったのです。

▶ プロが為替予想を外してしまう理由

　プロなのに、なぜ相場予想が外れるのでしょうか。1つには、あまりに多くの情報をもちすぎているために、相場観が安定せず、一種の「器用貧乏」に陥ってしまっているからです。

　また逆に、特定の情報にこだわって視野が狭くなってしまうということもあるでしょう。

　一方、一般の人々は、相場と年がら年中向き合っているわけではないので、少し距離をおいて状況を冷静にみられることもあるのでしょう。仕事ではないので、買ったドルが含み損を抱えても、「しょうがない、海外旅行で使えばいいや」といえる余裕も出てきます。

　経済新聞やマネー誌などにプロがコメントした「今後の為替予想」がよく載っていますが、プロでも100％的中させるのはおそらく不可能。人工知能（ＡＩ）でもそうでしょう。外貨預金などで運用を

プロの失敗と一般人の長所

■ プロが陥りやすい失敗

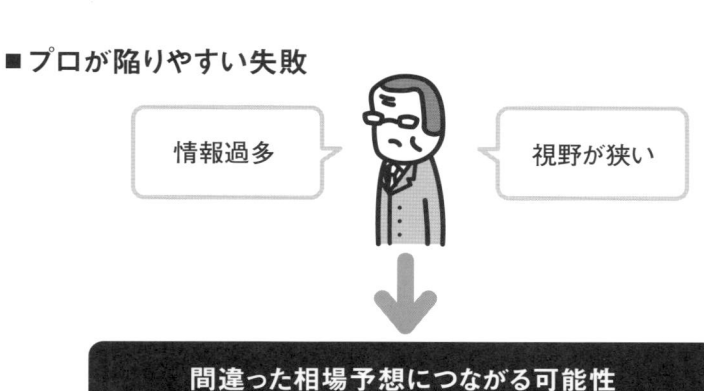

情報過多

視野が狭い

間違った相場予想につながる可能性

■ 一般の人が有利な点

距離を置いて
冷静にみられる

決算や
時価評価がない

ロスカット（ある程度損失が出たら
強制的に取引を終了すること）のルールがない

落ちついて長い目で相場をみることができる

始めるときは、自分の判断を信じたほうがいい場合もあるでしょう。

　日常生活の中から生まれてくる一般の人々の感覚は、あなどれないものです。私もプロの一人として、そうした部分を大切にしたいと考えています。

装　丁	大場君人
イラスト	大野文彰（大野デザイン事務所）
本文デザイン・DTP	松好那名（matt's work）
図版協力	野津淳子（のノ字ラボ）
写　真	榊智朗

【編著者紹介】

上野　泰也（うえの・やすなり）

●──みずほ証券チーフマーケットエコノミスト。1963年青森県生まれ、育ちは東京都国立市。85年上智大学文学部史学科卒業。法学部法律学科に学士入学後、国家公務員Ⅰ種試験に行政職トップで合格し、86年会計検査院入庁。88年富士銀行（現みずほ銀行）入行。為替ディーラーを経て為替、資金、債券の各セクションでマーケットエコノミストを歴任。2000年みずほ証券設立にともない現職に就任。

●──質・量・スピードを兼ね備えた機関投資家向けのレポート配信、的確な経済・市場予測で高い評価を得ており、「日経公社債情報」エコノミストランキングで2002年から6年連続で第1位、その後身の「日経ヴェリタス」エコノミストランキングで2011、16〜21年に第1位（通算13回は最多記録）。共同通信「経済予測ダービー」で2011年、12年に第1位。

●──著書に『No.1エコノミストが書いた世界一わかりやすい金利の本』のほか、同じシリーズで『経済の本』『株式の本』、『トップエコノミストが教える金融の授業』（かんき出版）、『トップエコノミストの経済サキ読み術』（日本経済新聞出版社）、『国家破局カウントダウン 日本を救う三つの処方箋』『「為替」の誤解』（朝日新聞出版）、『日本経済「常識」の非常識』（PHP研究所）、『デフレは終わらない』『虚構のインフレ』（東洋経済新報社）、『「依存症」の日本経済』（講談社）、『チーズの値段から未来が見える』（祥伝社）など。経済雑誌への寄稿も多数。

【執筆者紹介】

河合　起季（かわい・たつき）

●──経済ジャーナリスト。1961年生まれ。近代セールス社など金融専門出版社に勤務。近代セールス社では、銀行業界情報誌の副編集長として外国為替、投資信託、年金関連の企画立案・編集を行う。1999年編集プロダクション「企画・編集室サガズ」設立。

●──ＦＸ取引実績、為替知識を生かし、『ダイヤモンドZAi』（ダイヤモンド社）など各誌で外貨建て金融商品・為替相場の解説をするほか、幅広く金融関係のテーマを手がける。ビジネス情報サイト『DIAMOND online』『DIAMONDハーバード・ビジネス・レビュー』などでも執筆中。

なんばーわん
No.1エコノミストが書いた
せ かいいち
世界一わかりやすい為替の本　　　　　　　　　　〈検印廃止〉

2018年 4 月 2 日	第 1 刷発行
2022年12月22日	第 9 刷発行

編著者── 上野　泰也

発行者── 齊藤　龍男

発行所── 株式会社かんき出版
　　　　　東京都千代田区麹町4-1-4 西脇ビル　〒102-0083
　　　　　電話　営業部：03(3262)8011(代)　編集部：03(3262)8012(代)
　　　　　FAX　03(3234)4421　　　　　振替　00100-2-62304
　　　　　http://www.kanki-pub.co.jp/

印刷所── 新津印刷株式会社

みずほ証券チーフマーケットエコノミスト
上野 泰也＝編著　　　　**本体：1600円**

金利予測の第一人者として知られるトップエコノミストが書いた金利入門の決定版！ 景気の良し悪し、モノやサービスの値段、国の財政状況、企業の業績、個人の投資やローン……。 金利は私たちの暮らしとビジネスに深く浸透している、必須の経済知識です。経済の初心者でもスラスラ読めるよう、図解でやさしく丁寧に解説しました。

Part1 ● 金利は私たちにとって最も身近な経済ルール
Part2 ● 金利を決める金融市場の基本的なしくみを理解しよう
Part3 ● 金融市場と市場金利の動向を詳しくみてみよう
Part4 ● 経済が金利を動かすしくみを理解しよう
Part5 ● 金利を動かすプレーヤーたち
Part6 ● 世界の中央銀行と政策金利をみてみよう
Part7 ● 金利動向を読み解く考え方とテクニック
Part8 ● 投資の金利・利回りに強くなろう
Part9 ● 借りる金利・利回りに強くなろう